Documento de Trabajo
Serie Unión Europea y Relaciones Internacionales
Número 141/ 2024

La Orden Europea de Detención y Entrega como cristalización del progreso de la cooperación judicial penal en Europa: el caso Puigdemont

Ignacio García Prieto

El Real Instituto Universitario de Estudios Europeos de la Universidad CEU San Pablo, Centro Europeo de Excelencia Jean Monnet, es un centro de investigación especializado en la integración europea y otros aspectos de las relaciones internacionales.

Los documentos de trabajo dan a conocer los proyectos de investigación originales realizados por los investigadores asociados del Instituto Universitario en los ámbitos histórico-cultural, jurídico-político y socioeconómico de la Unión Europea.

Las opiniones y juicios de los autores no son necesariamente compartidos por el Real Instituto Universitario de Estudios Europeos.

Los documentos de trabajo están también disponibles en: www.idee.ceu.es

Serie *Unión Europea y Relaciones Internacionales* de documentos de trabajo del Real Instituto Universitario de Estudios Europeos

La Orden Europea de Detención y Entrega como cristalización del progreso de la cooperación judicial penal en Europa: el caso Puigdemont

CEU *Ediciones*
Julián Romea 18, 28003 Madrid
Teléfono: 91 514 05 73, fax: 91 514 04 30
Correo electrónico: ceuediciones@ceu.es
www.ceuediciones.es

Real Instituto Universitario de Estudios Europeos
Avda. del Valle 21, 28003 Madrid
www.idee.ceu.es

ISBN: 978-84-19976-37-6
Depósito legal: M-14176-2024

Maquetación: Forletter, S.A.

Índice

Abreviaturas

DM – Decisión Marco

EE. MM. – Estados Miembros

FJ – Fundamento Jurídico

LOREG – Ley Orgánica del Régimen Electoral General

MEP – Member of the European Parliament

OEDE – Orden Europea de Detención y Entrega

PE – Parlamento Europeo

TFUE – Tratado de Funcionamiento de la Unión Europea

TGUE – Tribunal General de la Unión Europea

TJUE – Tribunal de Justicia de la Unión Europea

TS – Tribunal Supremo

UE – Unión Europea

Introducción

1. Objeto de estudio

La Unión Europea desde sus orígenes ha otorgado un grado de prioridad muy superior al ámbito económico que al resto de áreas, es por ello por lo que los esfuerzos por lograr un espacio común en los ámbitos judicial y penal no se caracterizan por su intensidad.

Hubo que esperar al año 2002 para que los Estados miembros convinieran la creación de un instrumento dirigido a homogeneizar la extradición, pero también un instrumento que denotara la confianza mutua que estos países se profesan recíprocamente para superar las imperfecciones de la tradicional extradición entre Estados.

La orden europea de detención y entrega, desde su creación, no se encontró con muchas dificultades, o por lo menos tan notables, en su camino, hasta el año 2017, momento en que se produce en Cataluña una declaración de independencia de manera unilateral por parte de los gobernantes de la región, entre los que se encontraba Carles Puigdemont i Casamajó, que tras los hechos acontecidos y la respuesta del gobierno central español decidió huir del país y refugiarse en Bélgica, probablemente conociendo de antemano las deficiencias del instrumento que se utilizaría para requerir su detención y entrega y, por tanto, buscando refugio en un país que dificultara el procedimiento a su favor.

El presente trabajo trata de analizar la orden europea de detención y entrega, instrumento jurídico que puede haber pasado algo desapercibido desde su entrada en vigor pero que, desde luego, se puso en el centro de la mesa en virtud del caso Puigdemont, dando lugar a innumerables controversias jurídicas, e incluso políticas.

Presento a continuación mi pregunta de investigación y las hipótesis.

Pregunta de investigación: ¿Es la orden europea de detención y entrega un instrumento adecuado para el desarrollo de una satisfactoria cooperación judicial penal entre Estados miembros de la UE?

Hipótesis:

1. La orden europea de detención y entrega ha supuesto un avance significativo respecto a los instrumentos anteriores de cooperación judicial penal entre Estados.

2. El caso Puigdemont ha evidenciado las deficiencias propias de la orden europea de detención y entrega como instrumento de la cooperación judicial penal comunitaria.

2. Método de investigación

El método de investigación utilizado en el presente trabajo es el método inductivo, a través de un estudio riguroso del instrumento de creación europea para homogeneizar los procedimientos de detención y entrega de delincuentes que se encuentran en otros Estados miembros, y de sus diferencias con la extradición tradicional. Además, a partir del estudio del caso Puigdemont analizaré si este instrumento es realmente eficaz o han aflorado sus deficiencias por la complejidad de un asunto que ha puesto en jaque la supuesta confianza recíproca entre Estados miembros que se predica desde la Unión Europea.

3. Fuentes de conocimiento empleadas

El presente trabajo, a consecuencia del carácter jurídico de la problemática a tratar, se nutre principalmente de fuentes primarias y secundarias.

La principal fuente primaria empleada es, evidentemente, la Decisión Marco 2002/548/JAI del Consejo, de 13 de junio de 2002, que es el cuerpo jurídico que sustenta la orden europea de detención y entrega. Esta es invocada de forma continua a lo largo del presente trabajo, y es objeto de estudio y análisis con el objetivo de verificar la primera hipótesis.

A mayores de este instrumento jurídico se utilizan otros cuerpos normativos de diversa índole en el desarrollo del trabajo, además de jurisprudencia, tanto de tribunales europeos como nacionales, para realizar una exposición rigurosa tanto de la euroorden como del caso que concierne a Carles Puigdemont i Casamajó.

Las fuentes secundarias utilizadas son obras doctrinales y de investigación que versan acerca de la cooperación judicial penal, la orden europea de detención y entrega, y el caso atinente al ya mencionado Puigdemont.

Por último, y en menor medida, he utilizado una serie de recursos de naturaleza periodística para detallar determinados hechos, lo cual es necesario para conocer en detalle ciertos sucesos del periplo del independentista catalán fugado.

4. Plan de exposición

El presente trabajo se estructura en 4 capítulos, tratando de abordar los asuntos necesarios para responder a la pregunta de investigación en un orden lógico, de lo general a lo específico.

El primer capítulo trata la evolución histórica de la cooperación judicial penal en Europa hasta llegar a la ratificación de la Decisión Marco que sustenta jurídicamente la orden europea de detención y entrega.

El segundo capítulo se dedica al estudio normativo de la euroorden, abordando los principios que la inspiran, detallando las causas que motivan su denegación y las que condicionan la posible entrega. A continuación, se analizan en el tercer capítulo los avances que ha traído consigo este nuevo instrumento respecto a la extradición, trayendo a colación la información expuesta en los anteriores capítulos, pero dando un enfoque comparativo que haga posible confirmar la primera hipótesis formulada.

Por último, el cuarto capítulo ofrece un análisis pormenorizado del caso Puigdemont en el que trato aquellos sucesos concernientes a las diversas órdenes europeas de detención y entrega emitidas por las autoridades españolas desde que huyó de España, con motivo de su implicación en la declaración unilateral de independencia de Cataluña, y su consecuente afectación al orden constitucional del país, en el año 2017, además de otros sucesos relacionados con otros líderes catalanes fugados que afectan a la situación de Carles Puigdemont. Con este análisis del caso pretendo confirmar la segunda hipótesis planteada, y comprobar si este caso ha sacado a relucir las deficiencias que la orden europea de detención y entrega presenta.

I. Hacia la Orden Europea de Detención y Entrega

El nacimiento de la Orden Europea de Detención y Entrega se materializa con la promulgación de la Decisión Marco del Consejo, de 13 de junio de 2002, relativa a la orden de detención europea y a los procedimientos de entrega entre Estados miembros (2002/584/JAI).

Su consecución, sin embargo, no tuvo carácter inmediato, pues fueron necesarios muchos años de evolución en la cooperación judicial penal europea para que los Estados miembros aceptasen la elaboración de un instrumento común que facilitase la persecución de los delincuentes transnacionales.

Esta lenta evolución, en comparación con otras áreas como la económica, se debe principalmente al hecho de que los Estados se muestran reacios a ceder su *ius puniendi*, ya que este es una manifestación de su soberanía nacional y no desean comprometerla.[1]

Los orígenes de la cooperación penal en Europa datan de finales de los años cincuenta del siglo pasado, gracias al trabajo elaborado en el seno del Consejo de Europa[2]. De aquí en adelante, esta institución adopta veintidós convenios en la materia que concierne al presente trabajo, a destacar los Convenios Europeos sobre Extradición de 1957 (EDL 1982-8970), de Asistencia Judicial en Materia Penal de 1959 (EDL 1982-9561), sobre el valor internacional de sentencias penales de 1970 (EDL 1994-17328), sobre la transmisión de procedimientos penales de 1972 (EDL 1988-12163) y sobre traslado de personas condenadas de 1983 (EDL 1985-7880)[3].

Sin embargo, es necesario incidir en que la vinculación jurídica, en este contexto intergubernamental, resultó menos intensa[4], razón por la que los países miembros del Consejo de Europa fueron capaces de consensuar ciertos aspectos al respecto de la cooperación judicial sin necesidad de someterse a una autoridad supranacional sobre la que mostrarían reticencias[5]

No siguieron esta línea temprana las Comunidades Europeas, cuyo principal objetivo era conseguir una unión económica por lo que estaban centradas en el ámbito mercantil y civil, y permanecían, por tanto, alejadas del derecho penal[6]. Los primeros pasos que estas dieron se encuentran vinculados al proceso de consolidación de la Cooperación Política Europea desde mediados de los años setenta, germinando una visible colaboración en aras de luchar contra el terrorismo y la criminalidad transnacional[7].

En este primer momento, la cooperación no se encontraba institucionalizada, se producía de forma ajena a las instituciones comunitarias. En este sentido, y en este momento de la historia de las Comunidades Europeas, es preciso destacar la creación del Grupo TREVI, que proporciona cierta estructura a esta cooperación, pues sigue teniendo carácter intergubernamental. Este Grupo nace tras la reunión del Consejo Europeo de Roma celebrado en 1975, en la que se conviene que los Ministros de Justicia e Interior de los Estados miembros se reúnan de forma periódica para tratar cuestiones en el marco de sus competencias.[8]

---

[1]   CEDEÑO HERNÁN, M., *La orden de detención y entrega europea: los motivos de denegación y condicionamiento de la entrega*. Pamplona: Aranzadi, 2010, p. 23.

[2]   MATÍA SACRISTÁN, A. Los instrumentos normativos de la cooperación judicial penal en la Unión Europea. *Boletín Oficial del Ministerio de Justicia*. 2009, 63(2086), pp. 1615-1661. ISSN-e 0211-4267, pp. 1615-1616.

[3]   GARCÍA MORENO, J. M. Principales Convenios del Consejo de Europa en materia de cooperación judicial penal. *Elderecho.com* (en línea). 19 de mayo de 2011. (Fecha de consulta: 8 de junio de 2023). Disponible en: https://elderecho.com/principales-convenios-del-consejo-de-europa-en-materia-de-cooperacion-judicial-penal

[4]   FERNÁNDEZ RODRÍGUEZ, M. Cooperación judicial penal comunitaria. La orden de detención europea: Primer instrumento del principio de reconocimiento mutuo de decisiones. En: M. FERNÁNDEZ RODRÍGUEZ, D. BRAVO DÍAZ, y L. MARTÍNEZ PEÑAS. *Una década de cambios: de la guerra de Irak a la evolución de la Primavera Árabe (2003-2013)*. Valladolid: Asociación Veritas para el Estudio de la Historia, el Derecho y de las Instituciones, 2013, pp. 61-82. ISBN: 978-84-6166-280-7, p. 63.

[5]   RIVERA RODRÍGUEZ, P. *La influencia del caso Puigdemont en la cooperación judicial penal europea*. Madrid: *CEU Ediciones* 90, 2019. ISBN: 978-84-17385-48-4, p. 10.

[6]   JIMENO BULNES, M. Orden Europea de Detención y Entrega: garantías esenciales. *Revista de derecho y proceso penal*. 2008, 19, pp. 13-32. ISSN 1575-4022, p. 15.

[7]   CEDEÑO HERNÁN, M. op. cit., nota 1, p. 23.

[8]   Ídem.

A partir de la mitad de los años ochenta, el objetivo de la integración europea era pasar del mercado común al mercado interior, es decir, *un espacio sin fronteras interiores en el que la libre circulación de mercancías, personas, servicios y capitales estará garantizada*. Este objetivo se materializó en el Acta Única Europea, aprobada en 1986.[9] Manifiesta demostración de los progresos en este ámbito es la firma de importantes convenios, que eran el principal instrumento de cooperación por aquel entonces, aunque el recelo de los Estados en el momento de su ratificación socavaba su eficacia[10]. Además, su adopción supuso la institucionalización de una indiscutible práctica interestatal anterior, pero manteniendo su naturaleza intergubernamental ajena a las competencias comunitarias[11].

Avanzando en el tiempo, otro acontecimiento importante hasta llegar a la OEDE lo supuso el sistema Schengen relativo a la gradual supresión de los controles en las fronteras internas y la libre circulación de personas, cuya base jurídica son el Acuerdo de 14 de junio de 1985 y el Convenio de Aplicación del Acuerdo de 19 de junio de 1990[12]. El trabajo mancomunado de los miembros tuvo como resultado una serie de medidas entre las que merece destacar, en lo que concierne al presente trabajo: la eliminación de controles internos y su reemplazo por fronteras externas, el refuerzo de la cooperación judicial a través de mecanismos de extradición y una rápida distribución de la información gracias a la creación del Sistema de Información Schengen[13], actualmente SIS II, que consiste en una base de datos sobre personas y objetos cuyo fin es garantizar la seguridad en el territorio de los Estados adheridos al Convenio.

La entrada en vigor del Tratado de Maastricht, en 1993, supuso la modificación de los anteriores tratados europeos y originó una UE basada en 3 pilares: las Comunidades Europeas, la Política Exterior y de Seguridad Común (PESC) y la cooperación en los ámbitos de la Justicia y los Asuntos de Interior (JAI)[14].

Las materias concernientes al tercer pilar se contenían en el título VI del TUE, a destacar la consideración de "interés común de los Estados miembros" la cooperación judicial en material penal (art. K.1.7) y la potestad del Consejo para elaborar convenios acerca de esta cooperación, así como de la cooperación policial para la prevención, y lucha, de determinadas formas graves de delincuencia internacional, entre otras (art. K.3)[15].

En septiembre de 1993, los ministros de Justicia de los EE. MM. acordaron confiar a los órganos de la UE con competencias para ello, el estudio de la conveniencia de que los Estados miembros celebraran entre sí un convenio de extradición que completase el Convenio de Extradición del Consejo de Europa de 1957, modificando disposiciones de este.[16]

El fruto de este estudio fue un sistema que obligaba a efectuar una equivalencia entre dos procesos: uno real, ubicado en el Estado requirente, y otro artificioso, en el Estado de refugio, para corroborar la posibilidad de encausar allí a la persona reclamada. Esta fue la solución encontrada para superar los principios en los que se ha apoyado la extradición desde que se configura como una institución del Estado de derecho y que sirvieron para construir un régimen jurídico que hacía hincapié en la protección del individuo en el Estado de refugio, debido a la desconfianza que inspiraban los sistemas de justicia penal de otros Estados.[17]

---

9   CRESPO MACLENNAN, J. Del ocaso de las potencias europeas al auge de la Europa global: el proceso de integración europea, 1950-2007. En: J.M. BENEYTO PÉREZ, J. MAÍLLO GONZÁLEZ-ORÚS, y B. BECERRIL ATIENZA. *Tratado de Derecho y Políticas de la Unión Europea*, Tomo I. Ed. Aranzadi, 2009, pp. 93-152. ISBN: 978-84-8355-937-6, p. 116.

10   CEDEÑO HERNÁN, M. op. cit., nota 1, p. 24.

11   BAUTISTA SAMANIEGO, C.M. *Estudio sistemático de la Orden Europea de Detención y Entrega: Doctrina y Jurisprudencia*. Editorial Comares, 2022. ISBN: 978-84-1369-347-7, pp. 2-3.

12   CEDEÑO HERNÁN, M. op. cit., nota 1, p. 24

13   LUQUE GONZÁLEZ, J.M. Schengen. Un espacio de libertad, seguridad y justicia. *Revista de Derecho: División de Ciencias Jurídicas de la Universidad del Norte*. 2004, 21, pp. 139-149. ISSN: 0121-8697, p. 143.

14   PARLAMENTO EUROPEO. Los Tratados de Maastricht y Ámsterdam. *Fichas técnicas sobre la Unión Europea* (en línea), 2023. (Fecha de consulta: 8 de junio de 2023). Disponible en: https://www.europarl.europa.eu/ftu/pdf/es/FTU_1.1.3.pdf

15   Tratado de la Unión Europea, firmado en Maastricht el 7 de febrero de 1992. DO C 191 de 29 de julio de 1992.

16   DUEÑAS JIMÉNEZ, V. La cooperación judicial penal. En: MINISTERIO DEL INTERIOR. *El tercer pilar de la Unión Europea. La cooperación en asuntos de interior y justicia*. Madrid: Secretaría General Técnica, Ministerio del Interior. ISBN: 84-8150-167-0, pp. 202-203.

17   Ídem.

La exigencia de identidad normativa o de la doble incriminación, el principio de especialidad, la no extradición de nacionales o la exclusión de los delitos políticos fueron constituyendo un régimen desmesurado de garantías en favor de la persona reclamada que, en aquel momento, suponía un gran obstáculo a la cooperación entre Estados para que funcionara efectivamente la justicia penal. Aun así, siendo incuestionable la necesidad de reconsiderar estos principios, el 10 de junio de 1994, el Consejo dispuso que tenía que encargarse de los asuntos concernientes a la situación en que las personas acceden a su propia extradición.[18]

La conclusión fue un precipitado Convenio, de 10 de marzo de 1995, relativo al procedimiento simplificado de extradición entre los Estados miembros de la UE[19]. De todas formas, se siguió trabajando sobre el resto de aspectos no contemplados hasta que los EE. MM. firmaron, el 27 de septiembre de 1996, el Convenio establecido sobre la base del art. K.3 relativo a la extradición entre los Estados miembros de la Unión Europea[20].

El Convenio de 1996 trajo consigo un apreciable avance respecto a instrumentos anteriores y contiene una serie de principios que se recogen igualmente en la vigente Decisión Marco, de hecho, se ha calificado al Convenio como un embrión de esta.[21]

Entre sus progresos es conveniente destacar la eliminación del requisito de doble incriminación para casos de terrorismo, tráfico de estupefacientes y cualquier otra forma de crimen organizado (artículo 3); se omite el delito político como motivo de oposición para la extradición (artículo 5); se incluye la posibilidad de entrega de nacionales (artículo 7); y se incluye la amnistía como motivo de oposición, siempre y cuando el Estado de ejecución tenga competencia para perseguir el delito de acuerdo con su ordenamiento interno (artículo 9).[22]

Dicho esto, es necesario mencionar que el proceso de ratificación de estos dos convenios no resultó ser un camino de rosas, sino que el Parlamento Europeo, en 1997, tuvo que apelar a los Estados miembros para que realizaran un esfuerzo, minimizaran la espera y facilitasen su operatividad[23]. Al mismo tiempo, en la Unión se estaba gestando la adhesión de doce nuevos miembros, con doce sistemas legales diferentes, lo cual puso en tela de juicio que el sistema tradicional de cooperación penal estaba viciado de una forma intrínseca difícilmente superable[24]. Es por ello por lo que la mayoría de los Estados miembros, la Comisión y el Parlamento Europeo demandaban progresos significativos, y estas esperanzas no se vieron frustradas, al menos en su gran mayoría[25].

Con el Tratado de Ámsterdam, firmado en 1997 y que entra en vigor en 1999, se progresó notablemente con la inclusión en el pilar comunitario de un espacio de libertad, seguridad y justicia, junto con "una suerte de comunitarización" del sistema de Schengen (libre circulación de personas sin barreras), así como su parcial sumisión al Tribunal de Justicia.[26] Se afirma que el precio de la comunitarización de estas materias fue una menor intensidad en la atribución de competencias en este ámbito, evidenciado en la rigidez de los procedimientos de decisión (requieren unanimidad en el Consejo), así como en la introducción de las competencias (a un ritmo gradual de incorporación)[27].

---

18   DUEÑAS JIMÉNEZ, V. op. cit., p. 204.

19   Convenio, establecido sobre la base del artículo sobre la base del artículo K.3 del Tratado de la Unión Europea, relativo al procedimiento simplificado de extradición entre los Estados miembros de la Unión Europea, hecho en Bruselas el 10 de marzo de 1995. BOE-A-1999-8346 de 14 de abril de 1999.

20   Convenio establecido sobre la base del artículo K.3 del Tratado de la Unión Europea relativo a la extradición entre los Estados miembros de la Unión Europea, hecho en Dublín el 27 de septiembre de 1996. BOE-A-1998-4201 de 24 de febrero de 1998.

21   DEFTERAS, D.M. *Mutual recognition in criminal matters and state sovereignty: the case of the European Arrest Warrant*. University Queen Mary of London (en línea), 2012, p. 13. (Consultado el 8 de junio de 2023) Disponible en: https://qmro.qmul.ac.uk/xmlui/handle/123456789/3168?show=full

22   BAUTISTA SAMANIEGO, C.M., op. cit., nota 11, p.4.

23   Ídem.

24   CALAZA LÓPEZ, S. *El procedimiento europeo de detención y entrega*. Madrid: Iustel, 2005. ISBN: 84-96440-21-4, p. 35.

25   CEDEÑO HERNÁN, M. op. cit., nota 1, p. 26.

26   MANGAS MARTÍN, A., LIÑÁN NOGUERAS, D.J. *Instituciones y Derecho de la Unión Europea*. 8ªed. Madrid: Tecnos, 2014. ISBN: 9788430963058, p. 95.

27   CEDEÑO HERNÁN, M. op. cit., nota 1, p. 26.

Además, en el Tratado de Ámsterdam se encuentra el origen normativo de la serie de decisiones que han resultado fundamentales para la evolución comunitaria en materia de cooperación judicial penal[28], pues en su artículo K.6. b) llama a *adoptar decisiones marco para la aproximación de las disposiciones legales y reglamentarias de los Estados miembros.* Estas Decisiones Marco se configuran de manera que obligan a los Estados miembros en cuanto al resultado, dando libertad a las autoridades de cada país para elegir la forma y los medios para su consecución, y además no tienen efecto directo. Incluso se estableció en los artículos K.1 y K.3, respectivamente, la necesidad de aproximación de las legislaciones penales de los Estados miembros, y la inclusión de la facilitación de la extradición entre los miembros de la UE y, en la medida necesaria para mejorar la cooperación penal, la consecución de la compatibilidad de las normas aplicables en los Estados miembros.[29]

La carencia de efecto directo, la ausencia de sanción al Estado incumplidor y la imposibilidad de evitar determinadas disconformidades en su transposición a los ordenamientos nacionales provocaron la desaparición de estas Decisiones Marco en el Tratado de Lisboa[30], como ya se anticipaba desde la doctrina[31], al margen de que se mantienen aquellas dictadas con anterioridad a este hasta su sucesión por instrumentos normativos diferentes, lo cual llevará un tiempo.[32]

Dicho todo esto, al margen de sus inconvenientes, la Decisión Marco constituyó un enorme progreso respecto a la situación anterior al Tratado de Ámsterdam, puesto que permitió alcanzar una manifiesta homogeneidad en las legislaciones nacionales de los Estados miembros[33].

En el Consejo Europeo de Tampere, de octubre de 1999, se lanza un firme mensaje político para confirmar que el *Consejo Europeo situará y mantendrá este objetivo*, que la Unión se convierta en un espacio de libertad, seguridad y justicia, *entre las máximas prioridades de su programa político[34]*. Además, en las conclusiones de la Presidencia en este Consejo Europeo encontramos otras afirmaciones de gran trascendencia al respecto de la cooperación judicial en materia penal, pues se enuncia que *el principio de reconocimiento mutuo debe ser la piedra angular[35]* de la misma, asimismo se reconoce que este debe aplicarse a los autos anteriores al juicio (particularmente a los referentes al embargo de bienes y obtención de pruebas)[36], y también se insta, al Consejo y a la Comisión, a adoptar un programa de medidas para llevar a la práctica este principio y a la elaboración de unas normas mínimas comunes que faciliten su aplicación[37].

Este programa vio la luz en el año 2001 materializado en el "Programa de medidas destinado a poner en práctica el principio de reconocimiento mutuo de las resoluciones en materia penal", que establece una lista de parámetros de los que dependerá el alcance del principio de reconocimiento mutuo: el alcance general o limitado a determinadas infracciones de la medida contemplada (algunas medidas de aplicación del reconocimiento mutuo pueden limitarse a las infracciones graves); el mantenimiento o la supresión de la exigencia de la doble tipicidad como condición del reconocimiento; los mecanismos de protección de los derechos de terceros, de las víctimas y de las personas sospechosas; la definición de las normas mínimas comunes necesarias para facilitar la aplicación del

28   BAUTISTA SAMANIEGO, C.M. op. cit., nota 11, p. 5.

29   Instrumento de ratificación por parte de España del Tratado de Ámsterdam por el que se modifican el Tratado de la Unión Europea, los Tratados Constitutivos de las Comunidades Europeas y determinados actos conexos, firmado en Ámsterdam el 2 de octubre de 1997. BOE-A-1999-10228, de 7 de mayo de 1999.

30   DELGADO MARTÍN, J. Sistema de fuentes reguladoras de la Orden Europea de Detención y Entrega. *Manuales de Formación Continuada.* 2007, 42, pp. 53-128. ISSN: 1575-8735, p. 85.

31   MUÑOZ DE MORALES, M. Comentario al Caso Pupino. *Portal Iberoamericano de las Ciencias Penales, Instituto de Derecho Penal Europeo e Internacional de la Universidad de Castilla-La Mancha* (en línea). 2006, pp. 29-30. (Consultado el 8 de junio de 2023). Disponible en: https:// es.scribd.com/document/289373256/Marta-Munoz-Caso-Pupino#

32   ALONSO MOREDA, N. *Cooperación judicial en materia penal en la Unión Europea: la euro-orden, instrumento privilegiado de cooperación.* Pamplona: Thomson Reuters Aranzadi, 2017. ISBN: 978-84-9152-141-9, p. 142.

33   MATÍA SACRISTÁN, A. op. cit., nota 2, p. 38.

34   PARLAMENTO EUROPEO. Conclusiones de la Presidencia, Consejo Europeo de Tampere, 15 y 16 de octubre de 1999 (en línea). (Fecha de consulta 8 de junio de 2023). Disponible en: https://www.europarl.europa.eu/summits/tam_es.htm

35   Ibid., punto 33.

36   Ibid., punto 36.

37   Ibid., punto 37.

principio de reconocimiento mutuo (en materia de competencia jurisdiccional, por ejemplo); la ejecución directa o indirecta de la resolución y la definición y el alcance del posible procedimiento de validación; la determinación y alcance de los motivos de denegación de reconocimiento basados en la soberanía o en otros intereses esenciales del Estado requerido o relacionados con la legalidad; y el régimen de responsabilidad de los Estados en caso de sobreseimiento, puesta en libertad o absolución.[38]

En el programa se establecen una serie de objetivos y un grado de prioridad a su cumplimiento, del grado uno al diez siendo el grado de prioridad uno el que representa una mayor urgencia para su cumplimiento.

Se establecía la máxima prioridad a la decisión de embargo cautelar de evidencias y a la orden de embargo de bienes (objetivo 2.1) mientras que se relegaba a un segundo plano a las resoluciones de detención (objetivo 2.2.1), cuyo objetivo no era otro que facilitar la ejecución de las órdenes de detención a efectos de las diligencias e indican que para ello es conveniente tomar en consideración la recomendación nº 28 de la Estrategia de la Unión Europea para el comienzo del nuevo milenio, conforme a la que, a largo plazo, debería meditarse la posibilidad de crear un espacio jurídico europeo único para la extradición. Además, se manifiesta como medida nº 8 la de *buscar los medios para establecer, al menos para las infracciones más graves enumeradas en el artículo 29 del Tratado de la Unión Europea, un régimen de entrega que se base en el reconocimiento y ejecución inmediata de la orden de detención dictada por la autoridad judicial requirente.*[39]

Este grado de prioridad 2 de las órdenes de entrega no se prolongó mucho en el tiempo ya que, tras los atentados de Nueva York del 11 de septiembre de 2001, se transformó en objetivo prioritario, es decir, el clima creado tras los ataques perpetrados por el terrorismo islámico aceleró la toma de la decisión de dar a luz la Decisión Marco relativa a la Orden Europea de Detención y Entrega[40]. Reitero que aceleró el proceso hasta su adopción y no que fue el motivo de ella, a diferencia de lo que afirman algunos autores[41], porque la propuesta de la Comisión referente a la Orden había sido planeada con anterioridad a los ataques y estaba vinculada a incidentes como el caso Papon o la detención de Abdullah Ocalan en Italia[42].

El 11S implicó, por ende, el punto de inflexión político de un proceso madurado con anterioridad jurídicamente[43], haciendo a la euroorden "hija prematura" del reconocimiento mutuo[44] pues la propuesta de la Comisión es presentada ocho días después del ataque revindicado por Al Qaeda[45].

Su inclusión en la "Hoja de Ruta sobre Terrorismo" acordada por el Consejo Europeo, reunido en sesión extraordinaria a día 21 de septiembre, y el objetivo que se estableció de aprobar los textos antes de que acabase el año[46] muestran cómo un proceso que no pudo culminarse a lo largo de tantos años se precipitó en unos cuantos meses. La propuesta de la Comisión alcanzó consenso político entre los Estados miembros el día 12 de diciembre[47] y, finalmente, el Consejo aprueba la Decisión Marco relativa a la orden de detención europea y a los procedimientos

---

38   Programa de medidas destinado a poner en práctica el principio de reconocimiento mutuo de las resoluciones en materia penal. DO C 12 de 15.1.2001, p. 10-22.

39   Ídem.

40   IMPALA, F. The European Arrest Warrant in the Italian legal system. Between mutual recognition and mutual fear within the European area of Freedom, Security and Justice. *Utrecht Law Review* (en línea). 2005, 1(2), pp. 56-78. DOI: 10.18352/ulr.8, p. 59. (Fecha de consulta: 8 de junio de 2023). Disponible en: https://utrechtlawreview.org/articles/10.18352/ulr.8

41   Algunos autores como BAUTISTA SAMANIEGO, C.M., op. cit., nota 11, p. 10 afirman que la OEDE es el resultado directo de los ataques del 11-S.

42   DEFTERAS, D.M., op. cit., nota 21, p. 22.

43   MARTÍN MARTÍNEZ, M.M. La implementación y aplicación de la orden europea de detención y entrega: luces y sombras. *Revista de Derecho de la Unión Europea*. 2006, 10, pp.179-200. ISSN: 1695-1085, p. 180.

44   La expresión de S. MANACORDA es reproducida por LEGIDO SÁNCHEZ, A. La euro-orden, el principio de doble incriminación y la garantía de los derechos fundamentales. *Revista Electrónica de Estudios Internacionales*. 2007, 14, p. 5. ISSN-e: 1697-5197.

45   Propuesta de Decisión marco del Consejo sobre el mandamiento de detención europeo y los procedimientos de entrega entre Estados miembros, COM(2001) 522 final. DO C 322 E de 27.11.2001, pp. 305-319.

46   ALEGRE, S. y LEAF, M. Mutual recognition in European Judicial Cooperation: a step too far too son? Case study - the European Arrest Warrant. *European Law Journal*. 2004, 10(2), pp. 200-217. ISSN-e: 1468-0386, p. 202.

47   BAUTISTA SAMANIEGO, C.M., op. cit., nota 11, p. 11.

de entrega entre Estados miembros[48], el día 13 de junio de 2002, que sustituye a todos los instrumentos anteriores relativos a los procesos de extradición.[49]

Cabe mencionar que España jugó un rol predominante en la cristalización del procedimiento que llevó a la euroorden[50], esto sucedió no sólo por la posición de Presidente del Consejo de la Unión Europea que ostentaba el país en el momento de publicación de la Decisión Marco, sino, sobre todo, por el hecho de que se utilizó para la propuesta de la euroorden un texto hispano-italiano, que nunca llegó a entrar en vigor, que consistía en un sistema simplificado de entrega para una lista reducida de delitos: terrorismo, crimen organizado, tráfico de estupefacientes, tráfico de armas, trata de seres humanos y abuso sexual de menores[51].

Al consensuarse que el instrumento jurídico para regular la cooperación penal entre Estados debía ser la decisión marco, una vez adoptada la regulación a nivel europeo, cada Estado miembro debía transponerla a su derecho interno. En España, esto se hizo a través de la Ley 3/2003, de 14 de marzo, sobre la orden europea de detención y entrega[52], derogada posteriormente por la Ley 23/2014, de 20 de noviembre, de reconocimiento mutuo de resoluciones penales en la Unión Europea[53].

Una vez adoptada en el seno comunitario la OEDE, el camino hacia el perfeccionamiento de la cooperación penal no termina, sino que prosigue, con alguna pincelada como el nacimiento del Eurojust[54] con el Tratado de Niza, hasta la llegada del Tratado de Lisboa. En este momento, la UE no era capaz de encontrar la puerta del "laberinto constitucional" provocado por el fracaso de la Constitución Europea de Roma, y de la crisis económica en que se encontraba.[55]

La salida a esta encrucijada política se materializó en el Tratado de Lisboa, por el que se modifican el Tratado de la Unión Europea (TUE) y el Tratado Constitutivo de la Comunidad Europea (TCE), siendo este sustituido por el Tratado de Funcionamiento de la Unión Europea (TFUE). Entre las contribuciones a destacar se encuentra, en primer lugar, la supresión de los pilares; la regulación del espacio de libertad, seguridad y justicia se encuentra desde entonces en el Título V de la Tercera Parte del TFUE y, más concretamente, la cooperación judicial en materia penal en el Capítulo 4.

---

48 Decisión Marco, de 13 de junio de 2002, relativa a la orden de detención europea y a los procedimientos de entrega entre Estados miembros. DO L 190 de 18.7.2002, p. 1-20.

49 ARGOMANIZ, J. El proceso de institucionalización de la política antiterrorista de la Unión Europea. *Revista CIDOB d'Afers Internacionals* (en línea). 2010, 91, pp. 125-145. (Fecha de consulta: 8 de junio de 2023). Disponible en: https://www.jstor.org/stable/25822749, p. 129.

50 CUERDA RIEZU, A. La extradición y la orden europea de detención y entrega. *Revista Boliviana de Derecho*. 2006, 1, pp. 85-100. ISSN: 2070-8157, p. 94.

51 Ibid., p. 95.

52 Ley 3/2003, de 14 de marzo, sobre la orden europea de detención y entrega. BOE-A-2003-5451

53 Ley 23/2014, de 20 de noviembre, de reconocimiento mutuo de resoluciones penales en la Unión Europea. BOE-A-2014-12019

54 Eurojust es una agencia que vincula a fiscales, autoridades policiales y otros agentes, lo que les permite luchar contra la delincuencia transfronteriza grave y el terrorismo.

55 CEDEÑO HERNÁN, M., op. cit., nota 1, pp. 33-39.

II. El marco jurídico de la euroorden

La OEDE se comenzó a aplicar el día 1 de enero de 2004 en territorio comunitario por parte de todos los Estados miembros, que llegado este momento debían haber adoptado todas las medidas necesarias para dar cumplimiento a la Decisión Marco del Consejo, de 13 de junio de 2002, relativa a la orden de detención europea y a los procedimientos de entrega entre Estados miembros.

Su entrada en vigor supuso la "derogación" del tradicional procedimiento de extradición entre los EE. MM., superando así sus múltiples deficiencias, como la excesiva dilación en el tiempo de este mecanismo o el desmedido margen de discrecionalidad político existente sobre las solicitudes extraditorias.[56]

En el mismo articulado de este instrumento jurídico, artículo 1.1, se ofrece una definición de la euroorden:

> La orden de detención europea es una resolución judicial dictada por un Estado miembro con vistas a la detención y la entrega por otro Estado miembro de una persona buscada para el ejercicio de acciones penales o para la ejecución de una pena o una medida de seguridad privativas de libertad.

El artículo 2 de la DM establece su ámbito de aplicación, y, según este, solamente podrá dictarse una euroorden por aquellos hechos para los que la legislación del Estado que la emite establezca una pena o medida de seguridad privativa de libertad cuya duración máxima sea, como mínimo, de 12 meses; o cuando la reclamación verse sobre el cumplimiento de una pena o medida de seguridad privativa de libertad mayor de 4 meses.

II.1. Principios en que se inspira

La euroorden se inspira en el principio de reconocimiento mutuo, expresamente declarado en el Considerando número seis de la DM, siendo la primera vez que se concreta este principio en el ámbito del Derecho penal. Esto, sin embargo, no significa que el reconocimiento sea automático, sino que debido a la existencia de cierta confianza entre los Estados miembros se evita una homologación en el orden interno del Estado receptor de la resolución emanada por un órgano jurisdiccional de otro Estado de la UE.[57]

Un reconocimiento totalmente automático, en la práctica, entraña varias dificultades como la heterogeneidad de idiomas existentes en la UE, o la necesidad de controlar si efectivamente se trata de una resolución judicial, o que, teniendo la calificación de resolución, ha sido emitida por un órgano competente para ello.[58]

El principio de especialidad también rige en la aplicación de este instrumento, pues se recoge en el artículo 27.2 de la DM la prohibición de procesar, condenar o privar de libertad a una persona por un motivo diferente del que motivó la emisión de la euroorden. Dicho esto, se recogen una seria de excepciones a este principio de especialidad en los artículos 27.1 y 27.3 como puede ser el consentimiento, y consecuente renuncia a este principio, por parte del interesado, o en el caso de que el interesado, una vez le haya sido concedida la libertad definitiva y teniendo la oportunidad de salir del territorio del Estado emisor de la orden, no haya salido del país en un plazo de 45 días o haya vuelto al mismo después de haberlo abandonado.

El último de los principios a mencionar es el de doble tipificación, artículo 2.2, por el cual se exige que para la emisión de una euroorden el delito que la motive esté tipificado tanto en la legislación del Estado emisor, como en la del Estado receptor.

En el mismo artículo se establece una exención a la doble incriminación: siempre y cuando se trate, en primer lugar, de un delito castigado en el Estado emisor con una pena o medida de seguridad privativa de libertad de al menos 3 años, y, en segundo lugar, de uno de los delitos incluidos en una lista taxativa:

---

56   CEDEÑO HERNÁN, M., op. cit., nota 1, p. 56-58.

57   PÉREZ CEBADERA, M.A. *Instrumentos de Cooperación Judicial Penal I: la extradición y la euroorden.* Castelló de la Plana: Universitat Jaume I, 2010. ISBN: 978-84-692-5499-8, p. 22.

58   COMISIÓN DE LAS COMUNIDADES EUROPEAS. *Comunicación de la Comisión al Consejo y al Parlamento Europeo sobre reconocimiento mutuo de resoluciones firmes en materia penal.* COM(2000) 495 final de 26.7.2000, punto nº 12.

Pertenencia a organización delictiva; terrorismo; trata de seres humanos; explotación sexual de los niños y pornografía infantil; tráfico ilícito de estupefacientes y sustancias psicotrópicas; tráfico ilícito de armas, municiones y explosivos; corrupción; fraude, incluido el que afecte a los intereses financieros de las Comunidades Europeas con arreglo al Convenio de 26 de julio de 1995 relativo a la protección de los intereses financieros de las Comunidades Europeas; blanqueo del producto del delito; falsificación de moneda, incluida la falsificación del euro; delitos de alta tecnología, en particular delito informático; delitos contra el medio ambiente, incluido el tráfico ilícito de especies animales protegidas y de especies y variedades vegetales protegidas; ayuda a la entrada y residencia en situación ilegal; homicidio voluntario; agresión con lesiones graves; tráfico ilícito de órganos y tejidos humanos; secuestro, detención ilegal y toma de rehenes; racismo y xenofobia; robos organizados o a mano armada; tráfico ilícito de bienes culturales, incluidas las antigüedades y las obras de arte; estafa, chantaje y extorsión de fondos; violación de derechos de propiedad industrial y falsificación de mercancías; falsificación de documentos administrativos y tráfico de documentos falsos; falsificación de medios de pago; tráfico ilícito de sustancias hormonales y otros factores de crecimiento; tráfico ilícito de materiales radiactivos o sustancias nucleares; tráfico de vehículos robados; violación; incendio voluntario; delitos incluidos en la jurisdicción de la Corte Penal Internacional; secuestro de aeronaves y buques; sabotaje.

II.2. Los motivos de denegación

Como he mencionado con anterioridad, un reconocimiento absoluto y automático acarrearía una serie de peligros, es por ello por lo que, aun basándose este instrumento en la confianza recíproca entre Estados en el seno de la UE, una confianza incondicional como cimiento de un reconocimiento automático no existe en la actualidad y no se prevé que exista en un futuro próximo[59].

Por tanto, se articula en la DM, concretamente en los artículos 3 y 4, una serie de supuestos por los cuales los órganos jurisdiccionales del Estado de ejecución deberán, obligatoriamente, denegar la orden europea de detención y entrega, y otros tantos casos en los que se otorga la facultad de decidir si denegar su ejecución o no. Esto se justifica en la necesidad de exponer de manera taxativa las razones que pueden motivar la no ejecución de una euroorden, y no dejarlo al arbitrio de los órganos jurisdiccionales de cada uno de los 27 Estados miembros.

II.2.1. Motivos para la no ejecución obligatoria de la euroorden

El artículo 3 de la DM enumera los 3 motivos que determinan obligatoriamente la no ejecución de una orden europea de detención y entrega.

El primero de ellos es la amnistía del delito que motivó la euroorden en el Estado receptor, en caso de que según su ordenamiento interno sean competentes para conocer del mismo. La amnistía no es otra cosa que una expresión del derecho de gracia que se traduce en el perdón y olvido del delito, y que normalmente es el resultado de decisiones de carácter político en momentos transitorios o de transformación política o social.[60]

No obstante, el concepto de amnistía varía mucho dependiendo del país comunitario del que se trate, siendo en algunos una medida adoptada a través de un procedimiento legislativo, en otros una medida individual adoptada por el Jefe de Estado, y otros en los que el término siquiera se corresponde con una medida de clemencia; por lo que el término ha de ser entendido de una manera flexible y su contenido preciso lo decidirá el Estado receptor de una euroorden.[61]

Resulta lógico que si un Estado concede la amnistía respecto de determinados delitos no vaya a entregar a personas que se encuentren bajo su jurisdicción para que sean enjuiciados o cumplan condena por tales delitos. Es por ello por lo que se aclara en el articulado de la DM que el Estado de ejecución debe ser competente para conocer del delito y evitar así que los potenciales delincuentes escapen de la justicia aprovechándose de la falta de armonización legislativa de la Unión.

El segundo motivo imperativo de denegación es una concreción del principio *non bis in idem,* que se traduce en la prohibición de que una persona sea juzgada dos veces por los mismos hechos. En este caso se establece que

---

59   CEDEÑO HERNÁN, M., op. cit., nota 1, p. 129.

60   CEDEÑO HERNÁN, M., op. cit., nota 1, p. 141.

61   KLIMEK, L. *European Arrest Warrant.* Londres: Springer, 2015. Springer, Londres, 2015. ISBN: 978-3-319-07337-8, p. 152.

cuando los órganos jurisdiccionales del Estado de ejecución sean conocedores de que una persona ya ha sido juzgada por los hechos que motivan la euroorden en el Estado que la emite deberán denegar la solicitud, siempre y cuando, en caso de condena, la sanción haya sido ejecutada o esté en curso de ejecución, o ya no pueda ejecutarse de acuerdo con el ordenamiento interno del Estado de condena.

El tercer motivo que se articula responde a la ausencia de responsabilidad penal con motivo de la edad del requerido, es decir, cuando el requerido por la euroorden sea considerado por la legislación del Estado de ejecución como no responsable penalmente por razón de edad sus órganos jurisdiccionales deben obligatoriamente denegar la solicitud.

El problema es que la edad de responsabilidad penal difiere en los distintos Estados miembros, siendo en algunos como España de 14 años, en otros se fija en los 15-16 o 13-12, y en otros 10. Esta variedad de criterios se debe al criterio que se sigue a la hora de establecer este límite: unos países se guían por un criterio biológico puro, como España, mientras que en otros países siguen un criterio mixto, teniendo en cuenta el grado de madurez del menor junto a su edad.[62]

II.2.2. Motivos de no ejecución facultativa de la euroorden

Vistos los motivos que desembocan en la denegación imperativa de las órdenes europeas de detención y entrega, el artículo 4 de la Decisión Marco establece siete motivos que facultarán a los órganos jurisdiccionales del Estado de ejecución a denegar las solicitudes que reciban de otros EE. MM.

El primero de ellos se refiere a la, ya mencionada, necesidad de que los delitos, que no se encuentren en la lista de delitos del artículo 2, se encuentren tipificados tanto en la legislación del Estado emisor como en la del de ejecución, es decir, se sigue un sistema de doble incriminación. Sin embargo, no es necesaria una rigurosa correspondencia de los tipos penales, sino que es suficiente con que ambos Estados contemplen la conducta como ilícita y punible, no es preciso que tengan la misma pena ni denominación[63].

Dicho esto, esta exigencia no se extiende a los casos en que la no correspondencia se produzca en materia de impuestos, tasas, aduanas o cambio y el motivo de denegación este motivado en que los tipos de tasas no son equivalentes o la reglamentación de los impuestos no sea la misma.

La segunda causa facultativa de denegación de una euroorden es la litispendencia en el Estado de ejecución, esto es, en caso de que la persona reclamada se encuentre inmersa en un procedimiento judicial por los mismos hechos que motivan la orden europea, serán los tribunales del Estado de ejecución los que valoren, y decidan, si resulta más conveniente que sean ellos los que juzguen al individuo, o los tribunales del Estado emisor.

La tercera y quinta causa recogida es conveniente tratarlas de manera conjunta porque ambas versan acerca del principio *non bis in idem*. El motivo recogido en el artículo 4.3 se refiere a la facultad de valoración que se les otorga a los órganos competentes del Estado de ejecución para decidir denegar una euroorden en caso de que los órganos judiciales de ese mismo país hayan decidido no iniciar acciones penales, o concluirlas, por los mismos hechos que fundamentan la orden. Y, además, se faculta la denegación para el caso de que sobre la persona requerida pese otra resolución definitiva, en otro Estado miembro, por los mismos hechos que obstruya el ejercicio de diligencias penales; esta resolución definitiva de la que se habla no puede referirse a otra actuación que no sea la decisión de archivar el procedimiento tras investigarse el fondo y cuya posible reapertura se condicione a la aparición de nuevos indicios, lo que en España se corresponde con el sobreseimiento provisional[64].

La causa recogida en el artículo 4.5 se refiere a la posibilidad de denegar la solicitud en aquellos casos en los que se desprenda que el individuo requerido ya haya sido juzgado con carácter definitivo por los mismos hechos en un país extracomunitario.

---

62 JIMÉNEZ ARROYO, S. Consideraciones sobre la aplicación de la Orden Europea de Detención y Entrega en el proceso penal de menores en España. En Mª. I. GONZÁLEZ CANO. *Orden Europea de investigación y prueba transfronteriza en la Unión Europea*. Valencia: Tirant Lo Blanch, 2019, pp. 337-349. ISBN: 978-84-1313-619-6, p. 344.

63 MUÑOZ DE MORALES ROMERO, M. Juicio normativo y doble incriminación en el caso Puigdemont. En L.A. ARROYO ZAPATERO, A. NIETO MARTÍN, y M. MUÑOZ DE MORALES ROMERO. *Cooperar y castigar: el caso de Puigdemont* (en línea). Cuenca: Ediciones de la Universidad de Castilla-La Mancha, 2018, pp. 41-65. (Fecha de consulta: 8 de junio de 2023), pp. 42-45. Disponible en: http://doi.org/10.18239/mbs.18.2018

64 BAUTISTA SAMANIEGO, J. M., op cit., nota 11, pp. 191-193.

La diferencia de tratamiento que reciben las sentencias que proceden de países miembros de la UE y las que proceden de otros países se ha desarrollado jurisprudencialmente: estableciéndose que los motivos de denegación facultativos no tienen que ser obligatoriamente objeto de transposición al ordenamiento interno de los EE. MM., y que, en caso de hacerlo, gozan de un margen de apreciación en lo que se refiere a ejecutar o no la euroorden[65] del cual no disfrutan cuando se trata de hechos juzgados por un Estado miembro[66]. Esto es así porque una de las premisas fundamentales del Derecho de la Unión Europea es que los Estados que la integran comparten unos valores comunes, que fundamentan la propia existencia de la UE, y esto es precisamente lo que justifica la confianza mutua, entre sus sistemas de justicia, existente[67]; confianza mutua que no se presume de los sistemas de justicia de países extracomunitarios, y por tanto de los cuales resulta deseable que el Estado de ejecución valore *ad hoc* si deniega o no una euroorden en estos casos[68].

El cuarto motivo facultativo de denegación es la prescripción del delito o pena de acuerdo con la legislación del país de ejecución, siempre y cuando este sea competente para conocer de los hechos.

El penúltimo motivo que se expone se materializa en la nacionalidad del requerido por la euroorden. En el caso de que la motivación de la orden europea de detención y entrega sea ejecutar una pena, o medida de seguridad privativa de libertad, contra un individuo que sea nacional, o residente, del Estado de ejecución, o simplemente habite en él, y consienta en cumplirla en el mismo podrá denegarse la ejecución de la orden.

La extraterritorialidad cierra este marco de motivos de carácter facultativo de no ejecución de órdenes de entrega, según el cual se abre la puerta a no hacerlo en caso de que los hechos se hayan cometido, tanto parcial como totalmente, en el territorio del Estado de ejecución, y también en el caso de que los hechos no se hayan cometido en el territorio del Estado de emisión y la legislación del Estado de ejecución no contemple la persecución de esos hechos en caso de cometerse fuera de su territorio.

II.3. El condicionamiento de la entrega

El artículo 5 de la Decisión Marco ofrece tres condiciones a las que el Estado de ejecución puede supeditar los efectos de la euroorden, no son por tanto causas de denegación como tal.

La primera de las condiciones se refiere a los juicios celebrados en ausencia del acusado, esta condición se traduce en una suerte de garantía para el requerido ya que el Estado de ejecución puede subordinar la entrega a que la autoridad emisora de la orden ofrezca garantías de que el requerido tendrá la oportunidad de pedir un nuevo proceso y estar presente en la vista, salvaguardando así sus derechos de defensa. Para poder solicitar esta garantía no es suficiente que la resolución haya sido dictada en rebeldía, sino que debe probarse que el requerido no fue citado personalmente o informado del lugar y la fecha de la audiencia de la que resultó la resolución sin comparecencia.

La segunda de las condiciones se materializa en aquellos casos en los que la euroorden se fundamente en un delito castigado con una pena, o medida de seguridad privativa de libertad, de carácter perpetuo. La condición que puede imponer el Estado de ejecución para su entrega es que la legislación del Estado que emite la orden prevea una revisión de la pena ya sea por petición del reo o, al menos, 20 años después de su encarcelamiento. Otra posibilidad es que el ordenamiento interno del Estado emisor prevea programas de clemencia.

La tercera, y última, posible condición oponible al Estado emisor de una euroorden es que, en el caso de que el requerido sea nacional o residente del Estado de ejecución, una vez la persona sea oída por sus tribunales sea devuelta para cumplir la pena, o medida de seguridad privativa de libertad, que se le imponga. Esta última condición no es ninguna cuestión de soberanía, sino que tiene como objetivo favorecer la reinserción del convicto[69].

---

65   STJUE de 29 de abril de 2021, as C-665/20 PPU, apartados 41 y 43. ECLI:EU:C:2021:339

66   Ibid., apartado 50.

67   Ibid., apartado 52.

68   Ibid., apartados 55 y 59.

69   ALONSO MOREDA, N., op. cita., nota 31, p. 558.

III. Diferencias entre la euroorden y la extradición

Ambos instrumentos son mecanismos creados para fomentar la cooperación penal entre Estados, y ambos fueron originados de cara a conseguir la entrega de una persona por motivos penales.[70]

Pero ciertamente son dos instrumentos en los que podemos encontrar varias diferencias, siendo la primera de ellas los diferentes instrumentos jurídicos que suponen su base de aplicación.

Mientras que la extradición es un instrumento regulado mediante convenios o tratados internacionales, bilaterales o multilaterales, en el plano externo, y el ordenamiento interno de cada país, en el plano interno[71]; si bien otros autores afirman que de los tratados lo que nace es el deber jurídico de entregar al requerido, y de las leyes internas del Estado se deriva la facultad de hacerlo[72].

La orden europea de detención y entrega, en cambio, es fruto de una Decisión Marco redactada por una institución de la UE, el Consejo. Por lo tanto, la euroorden es "hija" del Derecho de la Unión Europea, que es obligatorio para todos los Estados miembros y que tiene primacía respeto de los ordenamientos jurídicos internos de estos.[73]

Por lo tanto, también podemos sacar a relucir la diferencia que existe entre ambos instrumentos que radica en el carácter voluntario que se desprende de la extradición debido a su base jurídica, en oposición del carácter obligatorio de la euroorden respecto de los Estados miembros de la Unión Europea.

Otra diferencia entre estos instrumentos son los principios en los que se inspiran, mientras la euroorden, como he explicado anteriormente, descansa sobre el principio de reconocimiento mutuo de las resoluciones judiciales debido a la confianza existente entre los países que integran la Unión, la extradición se fundamenta en el principio de reciprocidad[74], que básicamente se puede entender como una forma de declarar que un país, en este caso España, tratará las extradiciones respecto de otro país de la misma forma en que este último lo haga.

La euroorden introduce una novedad al respecto de los sujetos que intervienen en la toma de decisiones. En la extradición quien manifiesta la solicitud de extradición, así como quien la acepta o rechaza, es el Estado, siendo irrelevante qué organismos dentro de este son los encargados, ya que se deja al arbitrio del ordenamiento interno de cada Estado como manifestación expresa de su soberanía[75]. A consecuencia de esto, la extradición no es más que una extensión del poder político de los Estados en vez de un instrumento jurídico de cooperación internacional.

A este respecto, el cambio producido con la entrada en vigor de la DM que regula la euroorden consiste en otorgar, en exclusividad, a los órganos jurisdiccionales de los Estados miembros la facultad de emitirlas y ejecutarlas[76]. Esto no significa que no intervengan otros órganos, como los administrativos, solamente que la última palabra siempre la tienen los tribunales.[77] Lo cual supone un gran avance, sobre todo en aras de generar la confianza necesaria para que este instrumento cumpla su cometido de proporcionar seguridad jurídica en la Unión, ya que al contrario de lo que sucede con las decisiones de carácter político, las resoluciones judiciales son susceptibles de recurso, y de garantizar la tutela efectiva de los derechos fundamentales del requerido.

La celeridad del procedimiento es otra de las diferencias entre ambos instrumentos. El procedimiento de extradición puede dilatarse durante meses, e incluso años[78]; mientras que la decisión de si ejecutar o no una euroorden deberá

---

70   CUERDA RIEZU, A., op. cit., nota 50, p. 95.

71   GARCÍA PABLOS DE MOLINA, A. "La extradición" en *Introducción al Derecho Penal. Instituciones, fundamentos y tendencias del Derecho Penal.* Madrid: Editorial Universitaria Ramón Areces, 2012, pp. 981-1046. ISBN: 978-84-9961-113-6, p. 982.

72   CEREZO MIR, J. *Curso de Derecho Penal español. Parte General I.* Madrid: Tecnos, 2004. ISBN: 978-84-309-4149-0 84-309-4149-5, p. 275.

73   CUERDA RIEZU, A., op. cit., nota 50, p. 96.

74   Constitución Española, artículo 13.3. BOE-A-1978-31229 de 29.12.1978.

75   CUERDA RIEZU, A., op. cit., nota 50, pp. 96-97.

76   Decisión Marco, de 13 de junio de 2002, relativa a la orden de detención europea y a los procedimientos de entrega entre Estados miembros, artículo 6. DO L 190 de 18.7.2002, p. 1-20.

77   CUERDA RIEZU, A., op. cit., nota 50, p. 97.

78   FONSECA MORILLO, F. J. La orden de detención y entrega europea. *Revista Española de Derecho Comunitario Europeo* (en línea). 2003, 7(14), pp. 69-95. (Fecha de consulta: 8 de junio de 2023). Disponible en: https://recyt.fecyt.es/index.php/RDCE/article/view/48379 , p. 74.

tomarse en un plazo de 10 días, en los casos en los que el requerido consienta, o de 90 días como máximo para los casos en que no exista consentimiento[79]. En parte, esta celeridad y sencillez del procedimiento se debe a la incorporación de un formulario estándar a rellenar por el Estado emisor de una euroorden, incluida en el Anexo de la DM.

La supresión del requisito de doble incriminación, para algunos delitos, en la euroorden supone un gran avance al respecto de la cooperación judicial europea. Si bien es cierto que el listado de delitos exentos de este requisito es poco extenso y abarca delitos "comunes" que resultaría extraño que un Estado miembro de la UE no tuviese tipificado en su ordenamiento interno, el avance es visible en cuanto la relajación de este requisito es tangible en una mayor celeridad en el procedimiento, ya que los órganos jurisdiccionales del Estado de ejecución no tendrán que pararse a inspeccionar si se cumple el requisito, o no.

La omisión del principio de no entrega por delitos de índole política supone otro de los incuestionables avances que ha supuesto la orden europea de detención y entrega. La única mención a este respecto que se hace en la DM se encuentra en el Considerando 12 que establece que no podrá utilizarse este instrumento para requerir a una persona por sus opiniones políticas, pero esto es algo totalmente diferente y no es más que una exposición de respeto de los derechos fundamentales.

La supresión de este principio se debe al avance de la sociedad hacia democracias liberales consolidadas, ya que uno de los principales motivos que sostenían este principio era evitar que los países que se encontraban secuestrados por regímenes dictatoriales utilizasen este instrumento para socavar cualquier tipo de oposición a sus gobiernos.[80]

---

79 Decisión Marco, de 13 de junio de 2002, relativa a la orden de detención europea y a los procedimientos de entrega entre Estados miembros, artículo 17. DO L 190 de 18.7.2002, pp. 1-20.

80 MARCOS FRANCISCO, D. *Orden Europea de Detención y Entrega: especial referencia a sus principios rectores*. Valencia: Tirant lo Blanch, 2008. ISBN: 978-84-9876-166-5, p. 128.

IV. El caso Puigdemont

IV.1. La declaración unilateral de independencia de Cataluña

La independencia es uno de los temas más controvertidos en relación con Cataluña en los últimos años. Siempre ha existido un fuerte movimiento independentista en esta región española, que, sin duda alguna, se intensificó con la llegada de Carles Puigdemont a la presidencia de la Generalitat en enero de 2016.

Este conflicto territorial contra la unidad del Reino de España alcanzó su punto más crítico el día 1 de octubre de 2017, fecha en que se celebró un referéndum vinculante de autodeterminación por el cual las autoridades catalanas de aquel momento pretendían validar jurídicamente el proceso de secesión de Cataluña, que resultase en la creación de una república catalana.

Estas acciones fueron declaradas inconstitucionales por el Tribunal Constitucional ya que *atenta*(n) *contra el principio de soberanía española, la indisoluble unidad de la nación española y el sistema democrático y el Estado de Derecho consagrados en la Constitución*[81].

Los resultados arrojados por el referéndum, se estima que la participación fue de un 45%, y un 90% de los que votaron estaban a favor de la desvinculación catalana del Estado español[82], motivaron que el Parlament declarase unilateralmente la independencia, iniciando así el proceso de formar una república independiente[83] .

Este referéndum y posterior declaración de independencia obtuvo una contundente respuesta del Gobierno central, que en aplicación del artículo 155 de la Constitución española procedió a sustituir al gobierno de la Generalitat y a convocar comicios.[84]

Cinco líderes catalanes entonces, entre ellos Carles Puigdemont i Casamajó, decidieron huir a Bélgica en coche a sabiendas de que era un país favorable a sus intereses de impedir, o al menos retrasar, su entrega a España para ser juzgados por los delitos de rebelión (artículo 472 CP) y/o sedición (artículo 544 CP), malversación de fondos públicos (artículos 432.1 y 3 a) y b) CP), prevaricación (artículo 404 CP) y desobediencia (artículo 410 CP).[85]

IV.2. La primera OEDE: las reticencias belgas

Este es el motivo que originó la primera orden europea de detención y entrega a este respecto[86], el 3 de noviembre de 2017, la cual fue retirada por el juez Llarena aproximadamente un mes después[87] debido a las diferencias existentes entre la legislación española y la belga en la tipificación de los delitos imputados a Puigdemont, lo cual podría conducir a una atenuación en los cargos que permitirían la entrega del mismo y, consecuentemente, a que fuese

81 STC 114/2017, de 17 de octubre de 2017. BOE-A-2017-12206

82 SOARES, I., COTOVIO, V. y CLARKE H. Catalonia referéndum result plunges Spain into political crisis. *CNN* (en línea). 2 de octubre de 2017. (Fecha de consulta: 8 de junio de 2023). Disponible en: https://edition.cnn.com/2017/10/01/europe/catalonia-spain-independence-referendum-result/index.html

83 MENÉNDEZ, M. El Parlament declara la independencia de Cataluña de forma unilateral e inicia el camino hacia la república. *RTVE* (en línea). 27 de octubre de 2017. (Fecha de consulta: 8 de junio de 2023). Disponible en: https://www.rtve.es/noticias/20171027/parlament-declara-independencia-cataluna/1630750.shtml

84 MENÉNDEZ, M. Rajoy cesará a Puigdemont y a todo el Govern y convocará elecciones en un plazo de seis meses. *RTVE* (en línea). 21 de octubre de 2017. (Fecha de consulta: 9 de junio de 2023). Disponible en: https://www.rtve.es/noticias/20171021/gobierno-acuerda-este-sabado-medidas-del-155-para-recuperar-legalidad-catalana/1629540.shtml

85 PODER JUDICIAL. *El juez Lamela dicta órdenes europeas de detención contra el expresident de la Generalitat Carles Puigdemont y cuatro exconsellers.* (En línea). 3 de noviembre de 2017. (Fecha de consulta: 9 de junio de 2023). Disponible en: https://www.poderjudicial.es/cgpj/es/Poder-Judicial/Sala-de-Prensa/Notas-de-prensa/La-juez-Lamela-dicta-ordenes-europeas-de-detencion-contra-el-expresidente-de-la-Generalitat-Carles-Puigdemont-y-cuatro-exconsellers

86 BBC. *Catalonia crisis: Spain issues warrant for Puigdemont.* (En línea). 3 de noviembre de 2017. (Fecha de consulta: 9 de junio de 2023). Disponible en: https://www.bbc.com/news/world-europe-41865121

87 ATS 11325/2017, de 5 de diciembre. ECLI:ES:TS:2017:11325A

juzgado en España por unos cargos diferentes de los imputados a otros líderes catalanes que ya estaban siendo juzgados por los tribunales españoles[88].

La euroorden también fue retirada por las dudas que se suscitaron desde Bélgica acerca del respeto de los derechos fundamentales del requerido en caso de ser entregado a España ya que fiscalía belga solicitó información a la Audiencia Nacional sobre las condiciones penitenciarias a las que podría ser sometido.[89] Lo cual es totalmente lícito y se contempla en la DM, concretamente en su artículo 15.2., sin embargo también se dispone que esta posibilidad de solicitar información complementaria se refiere a información concerniente a causas de denegación, obligatorias y facultativas, y contenido y forma de la euroorden, por tanto en este caso más que una mera solicitud de información parece una declaración expresa de desconfianza en el sistema judicial español.

Una vez retirada la euroorden, Puigdemont aprovecha la libertad de movimiento para traspasar la frontera belga y dar conferencias por Europa. El Ministerio Fiscal, con conocimiento, pues el mismo requerido lo anuncia, de que viajará a Dinamarca para ser partícipe de una actividad en la Universidad de Copenhague solicita que se formule una nueva euroorden. Lo cual rechaza el Tribunal Supremo porque existen indicios de que el fugado esté forzando su propia detención, esta suposición está fundada en el hecho de que este pretende ser detenido para así poder delegar su voto como diputado del Parlamento de Cataluña y ser investido como presidente[90].

IV.3. La segunda OEDE: el abuso del requisito de doble incriminación del OLG

Esto cambia el 21 de marzo de 2018, momento en el que el TS remite una nueva euroorden a las autoridades finlandesas solicitando la detención y entrega de Carles Puigdemont.[91]

Sin embargo, el *ex-president* es detenido en Alemania, en la región de Schleswig-Holstein, cuando volvía de Dinamarca hacia Bélgica por carretera, e ingresa provisionalmente en la cárcel de Neumünster.[92]

El Tribunal Superior del *Land* (*Oberlandesgericht*) de Schleswig-Holstein ya anunciaba en una decisión preliminar, el 5 de abril de 2018, que no admitiría la euroorden por el delito de rebelión debido a que no se cumplía el requisito de doble incriminación.[93] Lo cual fue finalmente confirmado con su resolución del día 12 de julio del mismo año, manteniendo el rechazo de entregar al requerido por los delitos de rebelión y sedición, pero permitiéndolo por el delito de malversación.[94]

La no ejecución de la euroorden dictada por España se fundamentó, tanto en Bélgica como en Alemania, por tanto, en el no cumplimiento del principio de doble tipificación. Bien es cierto que debe destacarse que el código penal belga se diferencia del alemán en que el primero no tipifica ningún delito equivalente al de rebelión o sedición, aunque algunos autores afirmen que era posible superar este obstáculo homologando el delito de rebelión con

---

88 KÖNIG, J., MEICHELBECK, P., y PUCHTA, M. The Curious Case of Carles Puigdemont-he European Arrest Warrant as an Inadequate Means with Regard to Political Offenses. *German Law Journal* (en línea). 2021, 22, pp. 256-275. (Fecha de consulta: 9 de junio de 2023). DOI: 10.1017/glj.2021.6 , p. 260.

89 RODRÍGUEZ YAGÜE, C. ¿Pueden ser las condiciones de reclusión en España un obstáculo para la ejecución de un orden de detención y entrega? A propósito del "procés" catalán. En: L. ARROYO ZAPATERO, A. NIETO MARTÍN, y M. MUÑOZ DE MORALES ROMERO. *Cooperar y castigar: el caso Puigdemont* (en línea). Cuenca: Ediciones de la Universidad de Castilla-La Mancha, 2018, pp. 87-151. (Fecha de consulta: 9 de junio de 2023). Disponible en: http://doi.org/10.18239/mbs.18.2018, p. 88.

90 ATS 301/2018, de 22 de enero. ECLI:ES:TS:2018:301A

91 BACHMAIER, L. Orden Europea de Detención y Entrega, Doble Incriminación y Reconocimiento Mutuo a la Luz del Caso Puigdemont. En: L. ARROYO ZAPATERO, A. NIETO MARTÍN, M. MUÑOZ DE MORALES ROMERO. *Cooperar y castigar: el caso Puigdemont* (en línea). Cuenca: Ediciones de la Universidad de Castilla-La Mancha, 2018, pp. 29-40. (Fecha de consulta: 9 de junio de 2023). Disponible en: http://doi.org/10.18239/mbs.18.2018, p. 31.

92 CARBAJOSA, A. Puigdemont, detenido en Alemania tras entrar en coche desde Dinamarca. *EL PAÍS* (en línea). 26 de marzo de 2018. (Fecha de consulta: 9 de junio de 2023. Disponible en: https://elpais.com/politica/2018/03/25/actualidad/1521973804_797756.html

93 BACHMAIER, L. European Arrest Warrant, Double Criminality and Mutual Recognition: A Much Debated Case. *European Criminal Law Review* (en línea). 2018, 8(2), pp. 152-159. (Fecha de consulta: 9 de junio de 2023). DOI: 10.5771/2193-5505-2018-2-152, p. 153.

94 Oberlandesgericht Schleswig-Holstein (OLG Schleswig-Holstein), de 12 de julio de 2018, 1 Ausl (A) 18/18 (20/18).

el de coalición de funcionarios públicos belga, resultaría insuficiente por tener una pena muy inferior y por tanto traería problemas al respecto del principio de proporcionalidad.[95]

Por el contrario, el delito de rebelión podría homologarse fácilmente con el de alta traición alemán, siendo los elementos constitutivos de ambos semejantes, sin embargo, el Tribunal de Schleswig-Holstein concluyó que los hechos descritos no podían enmarcarse en este tipo penal a causa del insuficiente grado de violencia y la imposibilidad de atribuir esta violencia directamente al requerido.[96]

Además de este examen sobre el fondo, el Tribunal argumentó que la jurisprudencia alemana al respecto del control del requisito de doble incriminación establece que no es suficiente con que en el ordenamiento jurídico alemán se recoja una disposición que castigue penalmente una acción equiparable sino que, lo que llaman, la "acomodación por analogía" del supuesto de hecho requiere que se traten los hechos como si se hubiesen producido en Alemania, como si el autor fuese una persona con nacionalidad alemana y como si en el suceso hubiesen participado instituciones alemanas.[97]

La respuesta del Magistrado Instructor, Pablo Llarena, a la resolución final alemana no se hizo esperar y en un auto[98], de 19 de julio de 2018, rechaza la entrega de Carles Puigdemont por el delito de malversación de caudales público, retira la euroorden emitida contra este, y contra los otros líderes catalanes fugados, y expone la inconsistencia de la decisión del Tribunal de Schleswig-Holstein.

El juez Llarena reivindica que la concepción del requisito de doble incriminación de los tribunales alemanes resulta excesiva, y expone la jurisprudencia del TJUE en línea con sus argumentos: el *asunto Piotrowski* y el *asunto Grundza*.[99]

En el *asunto Piotroswki*[100], el TJUE establece que *la ejecución de la orden de detención europea constituye el principio, mientras que la denegación de la ejecución de tal orden se concibe como una excepción que debe ser objeto de interpretación estricta*[101]. Asimismo, el Tribunal se posiciona a favor de que los tribunales del Estado de ejecución de la euroorden se abstengan de realizar una evaluación de los hechos conforme a su ordenamiento jurídico y se limiten a comprobar si los hechos en sí son constitutivos de un delito conforme al mismo[102].

El *asunto Grundza*[103], por otro lado, no se pronuncia al respecto de la interpretación de la DM que regula la orden europea de detención y entrega, sino de la Decisión Marco 2008/909/JAI, de 27 de noviembre de 2008, relativa a la aplicación del principio de reconocimiento mutuo de sentencias en materia penal por las que se imponen penas u otras medidas privativas de libertad a efectos de su ejecución en la Unión Europea.

En esta sentencia, el TJUE se pronuncia a favor de una interpretación flexible del requisito de doble tipificación, tanto en lo concerniente a los elementos que constituyen la infracción como a su calificación[104]. Y, por lo tanto, el Tribunal reitera que el criterio adecuado a la hora de apreciar la doble tipificación consiste en comprobar la correspondencia entre los hechos constitutivos de la infracción plasmados en la sentencia dictada en el Estado de emisión, y la definición de la infracción ofrecida por el ordenamiento jurídico del Estado de ejecución[105].

---

95   MUÑOZ DE MORALES ROMERO, M. Doble incriminación a examen: sobre el caso Puigdemont y otros supuestos. *InDret: Revista para el Análisis del Derecho*. 2019, 1, p. 6. ISSN-e 1698-739X.

96   HERNÁNDEZ LÓPEZ, A. El procedimiento de entrega de Carles Puigdemont: estado actual y perspectivas, *Revista de Estudios Europeos*. 2023, Extraordinario monográfico 1, pp. 279-310. ISSN: 2530-9854, p. 299.

97   VALIÑO ARCOS, A. A propósito de la Resolución del Oberlandesgericht del Estado de Schleswig-Holstein en el affaire "Carles Puigdemont" (traducción castellana con notas). *Diario LA LEY* (en línea). 2018, 9186, p. 5. (Fecha de consulta: 9 de junio de 2023). Disponible en: https://www.researchgate.net/publication/348415182_A_proposito_de_la_Resolucion_del_Oberlandesgericht_del_Estado_de_Schleswig-Holstein_en_el_affaire_'Carles_Puigdemont'_traduccion_castellana_con_notas

98   ATS 8477/2018, de 19 de julio de 2018. ECLI:ES:TS:2018:8477A

99   Ibid., FJ Cuarto.

100   STJUE de 23 de enero de 2018, *asunto Piotrowski*, as. C-367/16. ECLI:EU:C:2018:27

101   Ibid., apartado 48.

102   Ibid., apartado 62.

103   STJUE de 11 de enero de 2017, *asunto Grundza*, as. C-289/15

104   Ibid., apartado 36.

105   Ibid., apartado 37.

A mayores de estos argumentos, el TS expone que el OLG Schleswig-Holstein no ha actuado conforme a la DM OEDE y justifica esta afirmación con una serie de ejemplos como el cambio de relato fáctico entre el primer auto, provisional, y el definitivo, la extralimitación de este tribunal en sus competencias, y la toma en consideración, a efectos del fondo, de la declaración de Puigdemont.[106]

Por último, el TS critica la omisión hecha por el órgano de ejecución alemán al respecto de su obligación de plantear una cuestión prejudicial al TJUE que deriva del artículo 267 TFUE, ya que se trata de una decisión emitida por un órgano judicial nacional que no es susceptible de recurso y no existe jurisprudencia directa al respecto del requisito de doble tipificación del artículo 2.4 de la DM OEDE.[107]

IV.4. La tercera OEDE: el choque con la inmunidad europarlamentaria

La emisión de la tercera y siguiente euroorden, esta vez por los delitos de sedición y malversación, no tiene lugar hasta el año siguiente, el 14 de octubre de 2019, que encuentra su motivación en la sentencia condenatoria de los también implicados en los hechos que se encontraban en prisión provisional en España[108].

El principal problema con el que este requerimiento se topa es la condición de europarlamentario de Carles Puigdemont, que consiguió un escaño en el Parlamento Europeo en las elecciones del 26 de mayo de 2019[109].

No obstante, el líder independentista no cumplió con el requisito del artículo 224.2 de la LOREG, por el cual debería haber acatado la Constitución ante la Junta Electoral Central, es decir, comparecer en territorio español en un plazo de 5 días desde su proclamación como europarlamentario. En caso de no hacerlo, esta norma establece que las prerrogativas que pudiesen corresponderle, con razón de su cargo, quedarán suspendidas hasta que el acatamiento se produzca.

Como consecuencia de este incumplimiento de la legislación electoral española, el presidente del Parlamento Europeo, Antonio Tajani, tampoco reconoció a Puigdemont como miembro de este organismo a unos días de comenzar el mandato, y, por tanto, no se le permitió tomar su escaño; Tajani justificó su postura en la ausencia del nombre del interesado en la lista de candidatos electos notificada oficialmente por las autoridades españolas al PE[110].

El alineamiento del PE con la postura de los tribunales españoles motivó la emisión de una nueva OEDE, el día 14 de octubre de 2019[111], por los delitos de sedición y malversación, y sustentando esta acción en el peligro inminente de huida del requerido hacia países extracomunitarios para evitar su puesta a disposición ante los órganos jurisdiccionales españoles debido a la reciente condena de otros implicados en la causa[112].

La decisión del presidente del PE pronto se ve opacada por una sentencia del TJUE en la que exponen que la condición de parlamentario se adquiere desde el momento que es elegido oficialmente, y que en caso de que no haya sido autorizado para cumplir algunos requisitos establecidos por el ordenamiento jurídico interno de un Estado miembro, esta condición de europarlamentario permanecerá inalterable, lo cual se extiende a que esa persona también goza de la inmunidad propia del cargo; no obstante, se añadió que si la autoridad española competente lo consideraba oportuno podría solicitar la suspensión de dicha inmunidad a través de suplicatorio[113].

Esta respuesta a una cuestión prejudicial al respecto del caso de Oriol Junqueras, otro de los líderes del *procés*, sin embargo, tuvo una mayor incidencia respecto del caso del expresidente Puigdemont ya que el Magistrado

---

106   ATS 8477/2018, de 19 de julio de 2018, FJ QUINTO.

107   Ibid., FJ SEXTO.

108   STS Sala de lo Penal 459/2019, de 14 de octubre de 2019. Ponente: Excmo. Sr. D. Manuel Marchena Gómez.

109   PI, J. Puigdemont gana las europeas en Catalunya y Junqueras también entra en el Europarlamento. *LA VANGUARDIA* (en línea). 26 de mayo de 2023. (Fecha de consulta: 9 de junio de 2023). Disponible en: https://www.lavanguardia.com/politica/20190526/462438289266/elecciones-europeas-cataluna-resultados-26-mayo-2019-escrutinio-jornada-electoral-hoy-ultima-hora-en-directo.html

110   SÁNCHEZ, A. Tajani responde a Puigdemont que la entrega del acta de eurodiputado depende de España. *EL PAÍS* (en línea). 28 de junio de 2019. (Fecha de consulta: 9 de junio 2023). Disponible en: https://elpais.com/politica/2019/06/28/actualidad/1561712084_628654.html

111   ATS 14234/2019 de 14 de octubre de 2019. ECLI:ES:TS:2019:14234A

112   Ibid., FD OCTAVO.

113   STJUE, de 19 de diciembre de 2019, as. C-502/19, punto 94. ECLI:EU:C:2019:1115

Instructor en uso de la posibilidad antes mencionada, emitió suplicatorio de suspensión de la inmunidad de la que gozaba este último[114].

Este suplicatorio no obtuvo respuesta hasta el año siguiente, siendo esta la suspensión de la inmunidad del europarlamentario, fundamentándose esta decisión principalmente en la ausencia de indicios que llevasen a concluir que la acusación guardase relación con dañar la posición de eurodiputado de este, ya que básicamente no es el único procesado en la causa y esta se inició antes de que el señor Puigdemont adquiriese su puesto en la institución de la Unión Europea[115].

Esta decisión fue objeto de recurso de casación por parte de la defensa de Puigdemont, y además se solicitó la adopción de medidas provisionales en tanto se resolviese el fondo del asunto. Esta demanda de medidas cautelares, en un primer momento, fue aceptada y se le restituyó la prerrogativa de inmunidad al independentista catalán[116], sin embargo, el TGUE reexaminó la petición para la adopción de estas medidas y revocó la anterior decisión[117] al apreciar una inexistente causa de urgencia. Por lo tanto, a fecha 30 de julio de 2021 Carles Puigdemont dejó de gozar de la inmunidad parlamentaria propia de un MEP.

Es necesario mencionar que también tuvo un fuerte peso en esta decisión la cuestión prejudicial[118] pendiente de resolver planteada por el TS al respecto del caso del *procés*, y que, desde luego, su resolución será de vital importancia de cara a posibilitar, o no, la entrega de Puigdemont, como explicaré más adelante.

La cuestión prejudicial mencionada tuvo su origen tras la negativa de los tribunales belgas de entregar a Lluis Puig, otro de los líderes independentistas implicados en el caso, por considerar que el TS no es el órgano jurisdiccional para instruir la causa y por considerar peligrosa su entrega en relación con los derechos fundamentales del requerido. Estos argumentos plantearon dudas al instructor Llarena acerca de si estos motivos de denegación se ajustan al Derecho comunitario[119].

IV.5. La detención en Cerdeña: ¿OEDE en suspenso?

La última detención de Carles Puigdemont se produce en Cerdeña, en septiembre de 2021, y tras ponerse en conocimiento de las autoridades españolas, rápidamente se procede a remitir al órgano jurisdiccional italiano competente que OEDE que pesa sobre Puigdemont, e informar de que el procedimiento judicial del que deriva la orden sigue activo y pendiente de la entrega de dicho individuo[120].

Esta acción contradice totalmente la posición del TGUE y de la propia Abogacía del Estado española. El TGUE a la hora de decidir si mantener o retirar las medidas cautelares solicitadas por el requerido se fundamentó, principalmente, en la firme convicción de que no existía posibilidad alguna de que este fuera detenido en ningún Estado miembro, en ejecución de la euroorden española, porque el procedimiento penal en España se encontraba suspendido en tanto la cuestión prejudicial planteada no fuese resuelta; postura compartida con la representación

---

114 ATS 10/2020, de 10 de enero de 2020. ECLI:ES:TS:2020:10A

115 PARLAMENTO EUROPEO. Decisión del Parlamento Europeo, de 9 de marzo de 2021, sobre el suplicatorio de suspensión de la inmunidad de Carles Puigdemont i Casamajó (2020/2024(IMM)). (en línea). (Fecha de consulta: 9 de junio de 2023). Disponible en: https://www.europarl europa.eu/doceo/document/TA-9-2021-0059_ES.html

116 HERNÁNDEZ LÓPEZ, A., op. cit., nota 96, pp. 291-292.

117 Auto del Vicepresidente del Tribunal General de 30 de julio de 2021 — Puigdemont i Casamajó y otros/Parlamento (Asunto T-272/21 R). DO C 412 de 11.10.2021, p. 13.

118 PODER JUDICIAL. *El instructor de la causa del 'procés' plantea cuestión prejudicial al TJUE sobre la euroorden.* (En línea). 9 de marzo de 2021. (Fecha de consulta: 9 de junio de 2023). Disponible en: https://www.poderjudicial.es/cgpj/es/Poder-Judicial/Tribunal-Supremo/Noticias-Judiciales/El-instructor-de-la-causa-del--proces--plantea-cuestion-prejudicial--al-TJUE-sobre-la-euroorden

119 Ídem.

120 PODER JUDICIAL. *El juez Pablo Llarena envía al Tribunal de Apelación de Sassari (Italia) la ODE contra Carles Puigdemont y la cuestión prejudicial a través de Eurojust.* (En línea). 24 de septiembre de 2021. (Fecha de consulta: 9 de junio de 2023. Disponible en: https://www.poderjudicial.es/cgpj/es/Poder-Judicial/Tribunal-Supremo/Oficina-de-Comunicacion/Archivo-de-notas-de-prensa/El-juez-Pablo-Llarena-envia-al-Tribunal-de-Apelacion-de-Sassari--Italia--la-ODE-contra-Carles-Puigdemont-y-la-cuestion-prejudicial-a-traves-de-Eurojust

española en el proceso que fue determinante para convencer al TGUE de la desestimación de dichas medidas provisionales[121].

Finalmente, la justicia italiana decide suspender el proceso de extradición hasta que se resuelva la cuestión prejudicial[122], alineando su postura con el TGUE. Esto es sorprendente ya que, en primer lugar, no debemos olvidar que las cuestiones prejudiciales planteadas en el asunto *Puig Gordi y otros* se refieren exclusivamente a la decisión de entrega de este, y aunque la decisión del tribunal europeo incida posteriormente en el caso de Carles Puigdemont, esta decisión no es totalmente extrapolable de un caso a otro porque, debido a la particularidad de las cuestiones esbozadas, solamente podrán marcar un precedente al respecto de las decisiones de ejecutar una euroorden en Bélgica, y no en otros Estados miembros[123].

Y, además, la interpretación que hace el TGUE sobre la suspensión automática de todo el procedimiento, y de la ejecución de las órdenes europeas de detención y entrega que se derivan de este, cuando se plantea una cuestión prejudicial que concierne a uno de los requeridos en el mismo proceso, y no a todos, es errónea porque el mismo Tribunal sustenta esta argumentación en unas Recomendaciones elaboradas por el TJUE[124], párrafo 25, que establecen que sigue siendo competente el órgano jurisdiccional nacional para adoptar medidas cautelares; y la OEDE no es un procedimiento principal sino incidental, y no sólo eso, sino que también es necesario recordar que el procedimiento principal se encuentra suspendido desde el año 2018 por la situación de rebeldía de los acusados[125].

Este traspiés en Cerdeña solamente benefició a Carles Puigdemont que, tras demostrar que sus temores de ser detenido y entregado a su país de origen estaban fundados, consiguió que se restaurase su total inmunidad parlamentaria[126].

IV.6. La respuesta del TJUE: el principio del fin

Hubo que esperar hasta principios del año 2023 para que finalmente el TJUE se pronunciase al respecto de las cuestiones prejudiciales planteadas. Y, como he mencionado con anterioridad, aunque estas cuestiones fueron suscitadas para el caso concreto del señor Puig, esta sentencia surtirá un efecto al respecto de los demás prófugos catalanes, incluido el individuo que concierne al presente trabajo, Carles Puigdemont i Casamajó.

El TJUE, en su esperada resolución de las cuestiones prejudiciales, determinó que el rechazo de los tribunales belgas de la orden europea de detención y entrega es incompatible con la DM OEDE y el principio de confianza mutua que la inspira[127].

La Gran Sala expuso que los órganos jurisdiccionales belgas no podían fundamentar la no ejecución de la OEDE basándose en motivos de denegación puramente nacionales, no contemplados en la DM, pues, en caso contrario, esta no se aplicaría uniformemente en territorio comunitario y los Estados gozarían de libre albedrío a la hora de determinar el alcance de la obligación de ejecutar una euroorden. Y dan un toque de atención recordando que los órganos jurisdiccionales de ejecución solamente pueden rechazar las euroórdenes de manera excepcional, bajo las circunstancias expresadas en la DM que deben ser interpretadas de forma estricta[128].

---

121 HERNÁNDEZ LÓPEZ, A., op. cit., nota 96, pp. 292-293.

122 RTVE. *Italia suspende el proceso de extradición de Puigdemont a España hasta que la justicia europea se pronuncie.* (En línea). 4 de octubre de 2021. (Fecha de consulta: 9 de junio de 2023. Disponible en: https://www.rtve.es/noticias/20211004/puigdemont-vista-tribunal-cerdena-entrega-espana/2178885.shtml

123 HERNÁNDEZ LÓPEZ, A., op. cit., nota 96, p. 295.

124 Recomendaciones del Tribunal de Justicia de la Unión Europea a los órganos jurisdiccionales nacionales, relativas al planteamiento de cuestiones prejudiciales. DO C 380 de 8.11.2019, pp. 1-9.

125 HERNÁNDEZ LÓPEZ, A., op. cit., nota 96, pp. 294-295.

126 Auto del vicepresidente del Tribunal de Justicia, de 24 de mayo de 2022, as. C629/21 P(R). ECLI:EU:C:2022:413

127 STJUE, de 31 de enero de 2023, as. C-158/21. ECLI:EU:C:2023:57

128 Ibid., par. 66-78.

No obstante, sí se reconoce la potestad del órgano jurisdiccional de ejecución para poder aplicar una disposición nacional que tenga prevista la denegación de su ejecución cuando, en caso de que se proceda a su ejecución, se vulnere algún derecho fundamental consagrado por el Derecho europeo[129].

Asimismo, el TJUE resolvió que los tribunales belgas no son competentes para determinar o cuestionar, en virtud de su de Derecho nacional, si el TS es el órgano jurisdiccional competente para emitir la euroorden y, por tanto, no pueden negarse a ejecutar una orden europea de detención y entrega bajo este pretexto, puesto que es cada Estado miembro a tenor de su derecho procesal nacional el que debe determinar estas designaciones.[130]

En cambio, en caso de que el requerido alegue que en caso de ser entregado se producirá una vulneración de su derecho a un proceso equitativo porque será enjuiciado en el Estado emisor por un órgano desprovisto de competencia para ello, se establece un examen en dos fases, que deberá realizar la autoridad judicial de ejecución, para apreciar el fundamento del alegato del requerido[131].

El primer paso a seguir en este examen consiste en verificar la existencia, real, de vulneración de dicho derecho fundamental como consecuencia de deficiencias sistémicas o generalizadas en el funcionamiento del sistema judicial del Estado emisor, o de deficiencias que perjudiquen la tutela judicial de un grupo, identificable objetivamente, de personas del que el requerido forma parte[132].

A continuación, la autoridad de ejecución deberá comprobar concreta y precisamente en qué medida pueden incidir las deficiencias reconocidas en la primera fase del examen, en los procedimientos judiciales a los que se someterá al requerido, y, además, se deberá corroborar si existen razones serias y fundadas para considerar que el requerido correrá un riesgo real de que su derecho fundamental a un proceso equitativo será vulnerado.[133]

El TJUE, por tanto, reconoce que la autoridad de ejecución solamente podrá denegar la ejecución fundamentándose en la falta de competencia del órgano jurisdiccional que habrá de enjuiciar al requerido en caso de que llegue a la conclusión de que, por una parte, esas deficiencias existen en el Estado de emisión de la euroorden y, por otra parte, la falta de competencia de dicho órgano es manifiesta[134].

En todo caso, el Tribunal añade que cualquier denegación de la ejecución que se base en una falta de competencia manifiesta del órgano que enjuiciará al requerido, en aras de respetar la obligación de cooperación leal, deberá ir precedida de una solicitud previa de información complementaria dirigida al órgano jurisdiccional competente del Estado emisor[135].

Por último, el último pronunciamiento del tribunal europeo en este asunto responde afirmativamente a la última cuestión planteada por el Tribunal Supremo español, y declara que sí pueden emitirse sucesivas euroórdenes contra una persona con el objetivo de que sea entregado por otro Estado miembro después de que este último haya denegado euroórdenes anteriores contra la misma persona, siempre y cuando la ejecución de una nueva OEDE no resulte en una vulneración de los derechos fundamentales del requerido y su emisión tenga carácter proporcionado[136].

Esta sentencia es una suerte de esperanza hacia la consecución de la entrega de Carles Puigdemont, ya que deja poco margen de duda, o maniobra, a los tribunales belgas para seguir denegándola. El resquicio que queda por resolver es la inmunidad de la que, por su condición de miembro del PE, goza el requerido y no tardará en resolverse

---

129   Ibid., par. 79.

130   Ibid., par. 81-89.

131   Ibid., par. 90-98.

132   Ibid., par. 102.

133   Ibid., par. 106.

134   Ibid., par. 119.

135   Ibid., par. 131-136.

136   Ibid., par. 140-146.

ya que el TGUE declaró visto para sentencia el recurso concerniente a este asunto en noviembre de 2022, si bien es cierto que dicha resolución es recurrible ante la instancia superior, el TJUE[137].

El TS podrá, o más bien deberá, emitir una nueva OEDE contra el prófugo catalán, una vez se resuelva el asunto de su inmunidad y se decida qué delitos se le imputan, ya que, el 12 de enero de 2023, entró en vigor una reforma del Código Penal español por la que se modifica el delito de malversación y queda derogado el de sedición, y existe una discrepancia entre el Ministerio Fiscal, la Abogacía del Estado y el Magistrado Instructor Llarena acerca de qué tipo penal debe aplicarse a este caso.[138] Mientras el juez Llarena decretó la imputación por un delito de desobediencia[139], la Fiscalía y la Abogacía del Estado interpusieron recurso de reforma contra su auto requiriendo que se le impute un delito de desórdenes públicos agravados, lo cual fue desestimado por el Instructor Llarena, que mantuvo su posición inicial post-reforma del Código Penal[140].

---

137 ROVIROSA, D. El recurso de Puigdemont por su inmunidad queda visto para sentencia. *EUROACTIV* (en línea). 25 de noviembre de 2022. (Fecha de consulta: 9 de junio de 2023). Disponible en: https://euroefe.euractiv.es/section/justicia-e-interior/news/el-recurso-de-puigdemont-por-su-inmunidad-queda-visto-para-sentencia/

138 EUROPA PRESS. *Entra en vigor la reforma penal que elimina el delito de sedición y modifica el de malversación.* (En línea). 12 de enero de 2023. (Fecha de consulta: 9 de junio de 2023). Disponible en: https://www.europapress.es/nacional/noticia-entra-vigor-reforma-penal-elimina-delito-sedicion-modifica-malversacion-20230112073050.html

139 ATS 2368/2023, de 12 de enero de 2023. ECLI:ES:TS:2023:2368A

140 ATS 3117/2023, de 21 de marzo de 2023. ECLI:ES:TS:2023:3117A

V. Conclusiones

La primera hipótesis, que afirmaba que la orden europea de detención y entrega ha supuesto un avance significativo respecto de los instrumentos anteriores de cooperación judicial penal entre Estados, queda confirmada.

La orden europea de detención y entrega ha supuesto efectivamente un gran paso hacia delante en la cooperación judicial penal entre Estados miembros de la Unión Europea ya que, en primer lugar, crea un marco común de obligatorio cumplimiento al tratarse de una norma europea que prima sobre el ordenamiento interno de cada Estado.

Es un gran logro que el principio rector de la euroorden sea el de reconocimiento mutuo, ya que es la primera concreción de este principio en el Derecho penal. Esto es posible gracias a la existencia de un cierto grado de confianza entre los Estados miembros, y además demuestra y hace visible el hecho de que la Unión Europea es una comunidad en la que los Estados comparten una serie de valores, y eso es lo que los une. Por otro lado, esto también en necesario en aras de lograr la consecución de un verdadero espacio de libertad, seguridad y justicia.

La extradición es un instrumento de carácter tradicionalmente político, mientras que la OEDE ha conseguido superar esta deficiencia consolidándose como un instrumento puramente judicial, en el que obviamente participan organismos de naturaleza distinta a la judicial, pero en el que la última palabra siempre la va a tener un tribunal, tanto a la hora de su emisión como a la de su posible ejecución. Consecuentemente, al tratarse de una decisión judicial siempre existe la posibilidad de plantear un recurso a la misma, fomentando así el respeto de los derechos fundamentales del requerido.

La celeridad en el procedimiento es otro de los grandes avances materializados con la orden europea de detención y entrega, siendo 90 días el plazo máximo posible para que el tribunal de ejecución decida. Esto es un claro avance ya que con la tradicional extradición este procedimiento podría prolongarse durante varios meses, e incluso años.

La supresión del requisito de doble incriminación para determinados delitos es otra de las pruebas fehacientes del compromiso de los Estados miembros en mejorar la cooperación judicial penal en el territorio comunitario. La eliminación de este requisito también demuestra la confianza recíproca existente en los ordenamientos jurídicos de estos países, favoreciendo además una mayor celeridad en el procedimiento al evitar que el órgano competente de ejecución tenga que dedicar tiempo a comprobar el debido cumplimiento de un requisito ya desfasado y que debería ser omitido para cualquier delito y no solamente para aquellos incluidos en la lista taxativa del artículo 2.2 DM OEDE para así poder hablar realmente de un instrumento laureado como la piedra angular de la cooperación judicial.

La segunda hipótesis, que afirmaba que el caso Puigdemont ha evidenciado las deficiencias propias de la orden europea de detención y entrega como instrumento de la cooperación judicial penal comunitaria, queda también confirmada.

Las dificultades impuestas por el principio de doble incriminación para hacer realidad la entrega de Carles Puigdemont demuestran la notable ineficiencia de un instrumento que se erige como eje de la cooperación penal en la Unión Europa. Esto quedó demostrado tras la retirada de la primera euroorden en Bélgica y tomó un cariz bochornoso tras la interpretación hecha por los tribunales alemanes de este principio. Este principio debe ser interpretado de manera estricta porque, como hemos visto, en caso contrario, asistiremos a más situaciones como esta, defenestrando así cualquier intento por promover una cooperación efectiva entre Estados miembros.

En el caso de la primera euroorden, esta fue retirada no solo por temor a que se aceptara su ejecución por un delito cuya pena es muy inferior a la del delito que se le imputa al requerido en España, sino también por su posible denegación tras las sospechas suscitadas por los tribunales belgas de que, en caso de entregar a Carles Puigdemont, sus derechos fundamentales podrían peligrar. Esto demuestra, una vez más, la ineficacia de este instrumento ya que si se predica que la confianza mutua sobre la que pivota la euroorden deriva de unos valores y principios que se presupone que comparten todos los Estados que conforman la Unión Europa, resulta contradictorio que un Estado desconfíe de que "su vecino" no respeta los derechos de las personas. Además de esta incongruente desconfianza, no deberían ser los tribunales de un Estado miembro los que valoren si un Estado cumple con estas obligaciones, ya que existe un organismo propio de la Unión encargado de ello, el Tribunal Europeo de Derechos Humanos.

Estas deficiencias podrían haberse evitado utilizando otro acto jurídico distinto de la decisión marco, ya que los Estados disponen de cierto margen de maniobra a la hora de transponer a su ordenamiento jurídico nacional la normativa, convirtiendo, por ejemplo, motivos de denegación facultativos en obligatorios, lo cual no es deseable y pone piedras en el camino de la cooperación judicial penal. Difícilmente se pondrán los 27 Estados miembros de acuerdo en la elaboración de un reglamento, obligatorio en todos sus elementos y directamente aplicable, que incida en la cooperación judicial penal intracomunitaria, pero sería lo más deseable en aras de asegurar un instrumento homogéneo en el que resulte indiferente qué Estado sea el emisor o ejecutor.

Por último, en relación con la pregunta de investigación que trata de responder el presente trabajo, la orden europea de detención y entrega es un instrumento adecuado para el desarrollo de una satisfactoria cooperación penal entre Estados miembros de la Unión Europea, si bien es cierto que el caso Puigdemont ha puesto en evidencia una serie de defectos que impiden que despliegue todas sus virtudes y avances, pero los cuales no considero que sean intrínsecos del instrumento, sino que más bien radican de una mala praxis por parte de los tribunales de ejecución, en este caso, belgas y alemanes.

Habrá que esperar para ver como se desarrollan los acontecimientos y si finalmente Carles Puigdemont es entregado para ser enjuiciado en España, haciendo demostración del buen funcionamiento del instrumento, y que este caso sirva como precedente para que las autoridades europeas corrijan los defectos técnicos del instrumento y el margen de apreciación que los tribunales nacionales tienen permitido.

VI. Referencias

VI.1. Bibliografía

ALEGRE, S. y LEAF, M. Mutual recognition in European Judicial Cooperation: a step too far too son? Case study - the European Arrest Warrant. *European Law Journal*. 2004, 10(2), pp. 200-217. ISSN-e: 1468-0386.

ALONSO MOREDA, N. *Cooperación judicial en materia penal en la Unión Europea: la euro-orden, instrumento privilegiado de cooperación*. Pamplona: Thomson Reuters Aranzadi, 2017. ISBN: 978-84-9152-141-9.

ARGOMANIZ, J. El proceso de institucionalización de la política antiterrorista de la Unión Europea. *Revista CIDOB d'Afers Internacionals* (en línea). 2010, 91, pp. 125-145. (Fecha de consulta: 8 de junio de 2023). Disponible en: https://www.jstor.org/stable/25822749

BACHMAIER, L. European Arrest Warrant, Double Criminality and Mutual Recognition: A Much Debated Case. *European Criminal Law Review* (en línea). 2018, 8(2), pp. 152-159. (Fecha de consulta: 9 de junio de 2023). DOI: 10.5771/2193-5505-2018-2-152

BACHMAIER, L. Orden Europea de Detención y Entrega, Doble Incriminación y Reconocimiento Mutuo a la Luz del Caso Puigdemont. En: L. ARROYO ZAPATERO, A. NIETO MARTÍN, M. MUÑOZ DE MORALES ROMERO. *Cooperar y castigar: el caso Puigdemont* (en línea). Cuenca: Ediciones de la Universidad de Castilla-La Mancha, 2018, pp. 29-40. (Fecha de consulta: 9 de junio de 2023). Disponible en: http://doi.org/10.18239/mbs.18.2018

BAUTISTA SAMANIEGO, C.M. *Estudio sistemático de la Orden Europea de Detención y Entrega: Doctrina y Jurisprudencia*. Editorial Comares, 2022. ISBN: 978-84-1369-347-7.

CALAZA LÓPEZ, S. *El procedimiento europeo de detención y entrega*. Madrid: Iustel, 2005. ISBN: 84-96440-21-4.

CEDEÑO HERNÁN, M., *La orden de detención y entrega europea: los motivos de denegación y condicionamiento de la entrega*. Pamplona: Aranzadi, 2010.

CEREZO MIR, J. *Curso de Derecho Penal español. Parte General I*. Madrid: Tecnos, 2004. ISBN: 978-84-309-4149-0 84-309-4149-5.

CRESPO MACLENNAN, J. Del ocaso de las potencias europeas al auge de la Europa global: el proceso de integración europea, 1950-2007. En: J.M. BENEYTO PÉREZ, J. MAÍLLO GONZÁLEZ-ORÚS, y B. BECERRIL ATIENZA. *Tratado de Derecho y Políticas de la Unión Europea*, Tomo I. Ed. Aranzadi, 2009, pp. 93-152. ISBN: 978-84-8355-937-6.

CUERDA RIEZU, A. La extradición y la orden europea de detención y entrega. *Revista Boliviana de Derecho*. 2006, 1, pp. 85-100. ISSN: 2070-8157.

DEFTERAS, D.M. *Mutual recognition in criminal matters and state sovereignty: the case of the European Arrest Warrant*. University Queen Mary of London (en línea), 2012, p. 13. (Consultado el 8 de junio de 2023) Disponible en: https://qmro.qmul.ac.uk/xmlui/handle/123456789/3168?show=full

DELGADO MARTÍN, J. Sistema de fuentes reguladoras de la Orden Europea de Detención y Entrega. *Manuales de Formación Continuada*. 2007, 42, pp. 53-128. ISSN: 1575-8735.

DUEÑAS JIMÉNEZ, V. La cooperación judicial penal. En: MINISTERIO DEL INTERIOR. *El tercer pilar de la Unión Europea. La cooperación en asuntos de interior y justicia*. Madrid: Secretaría General Técnica, Ministerio del Interior. ISBN: 84-8150-167-0.

FERNÁNDEZ RODRÍGUEZ, M. Cooperación judicial penal comunitaria. La orden de detención europea: Primer instrumento del principio de reconocimiento mutuo de decisiones. En: M. FERNÁNDEZ RODRÍGUEZ, D. BRAVO DÍAZ, y L. MARTÍNEZ PEÑAS. *Una década de cambios: de la guerra de Irak a la evolución de la Primavera Árabe (2003-2013)*. Valladolid: Asociación Veritas para el Estudio de la Historia, el Derecho y de las Instituciones, 2013, p. 61-82. ISBN: 978-84-6166-280-7.

FONSECA MORILLO, F. J. La orden de detención y entrega europea. *Revista Española de Derecho Comunitario Europeo* (en línea). 2003, 7(14), pp. 69-95. (Fecha de consulta: 8 de junio de 2023). Disponible en: https://recyt.fecyt.es/index.php/RDCE/article/view/48379

GARCÍA MORENO, J.M. Principales Convenios del Consejo de Europa en materia de cooperación judicial penal. *Elderecho.com* (en línea). 19 de mayo de 2011. (Fecha de consulta: 8 de junio de 2023). Disponible en: https://elderecho.com/principales-convenios-del-consejo-de-europa-en-materia-de-cooperacion-judicial-penal

GARCÍA PABLOS DE MOLINA, A. "La extradición" en *Introducción al Derecho Penal. Instituciones, fundamentos y tendencias del Derecho Penal.* Madrid: Editorial Universitaria Ramón Areces, 2012, pp. 981-1046. ISBN: 978-84-9961-113-6.

HERNÁNDEZ LÓPEZ, A. El procedimiento de entrega de Carles Puigdemont: estado actual y perspectivas, *Revista de Estudios Europeos.* 2023, Extraordinario monográfico 1, pp. 279-310. ISSN: 2530-9854

IMPALA, F. The European Arrest Warrant in the Italian legal system. Between mutual recognition and mutual fear within the European area of Freedom, Security and Justice. *Utrecht Law Review* (en línea). 2005, 1(2), pp. 56-78. DOI: 10.18352/ulr.8 (Fecha de consulta: 8 de junio de 2023). Disponible en: https://utrechtlawreview.org/articles/10.18352/ulr.8

JIMÉNEZ ARROYO, S. Consideraciones sobre la aplicación de la Orden Europea de Detención y Entrega en el proceso penal de menores en España. En Mª. I. GONZÁLEZ CANO. *Orden Europea de investigación y prueba transfronteriza en la Unión Europea.* Valencia: Tirant Lo Blanch, 2019, pp. 337-349. ISBN: 978-84-1313-619-6.

JIMENO BULNES, M. Orden Europea de Detención y Entrega: garantías esenciales. *Revista de derecho y proceso penal.* 2008, 19, pp. 13-32. ISSN 1575-4022.

KLIMEK, L. *European Arrest Warrant.* Londres: Springer, 2015. Springer, Londres, 2015. ISBN: 978-3-319-07337-8.

KÖNIG, J., MEICHELBECK, P., y PUCHTA, M. The Curious Case of Carles Puigdemont—The European Arrest Warrant as an Inadequate Means with Regard to Political Offenses. *German Law Journal* (en línea). 2021, 22, pp. 256-275. (Fecha de consulta: 9 de junio de 2023). DOI: 10.1017/glj.2021.6

LEGIDO SÁNCHEZ, A. La euro-orden, el principio de doble incriminación y la garantía de los derechos fundamentales. *Revista Electrónica de Estudios Internacionales.* 2007, 14. ISSN-e: 1697-5197.

LUQUE GONZÁLEZ, J.M. Schengen. Un espacio de libertad, seguridad y justicia. *Revista de Derecho: División de Ciencias Jurídicas de la Universidad del Norte.* 2004, 21, pp. 139-149. ISSN: 0121-8697.

MANGAS MARTÍN, A., LIÑÁN NOGUERAS, D.J. *Instituciones y Derecho de la Unión Europea.* 8ªed. Madrid: Tecnos, 2014. ISBN: 9788430963058.

MARCOS FRANCISCO, D. *Orden Europea de Detención y Entrega: especial referencia a sus principios rectores.* Valencia: Tirant lo Blanch, 2008. ISBN: 978-84-9876-166-5.

MARTÍN MARTÍNEZ, M.M. La implementación y aplicación de la orden europea de detención y entrega: luces y sombras. *Revista de Derecho de la Unión Europea.* 2006, 10, pp.179-200. ISSN: 1695-1085.

MATÍA SACRISTÁN, A. Los instrumentos normativos de la cooperación judicial penal en la Unión Europea. *Boletín Oficial del Ministerio de Justicia.* 2009, 63(2086), pp. 1615-1661. ISSN-e 0211-4267.

MUÑOZ DE MORALES ROMERO, M. Doble incriminación a examen: sobre el caso Puigdemont y otros supuestos. *InDret: Revista para el Análisis del Derecho.* 2019, 1. ISSN-e 1698-739X

MUÑOZ DE MORALES ROMERO, M. Juicio normativo y doble incriminación en el caso Puigdemont. En L.A. ARROYO ZAPATERO, A. NIETO MARTÍN, y M. MUÑOZ DE MORALES ROMERO. *Cooperar y castigar: el caso de Puigdemont* (en línea). Cuenca: Ediciones de la Universidad de Castilla-La Mancha, 2018, pp. 41-65. (Fecha de consulta: 8 de junio de 2023). Disponible en: http://doi.org/10.18239/mbs.18.2018

MUÑOZ DE MORALES, M. Comentario al Caso Pupino. *Portal Iberoamericano de las Ciencias Penales, Instituto de Derecho Penal Europeo e Internacional de la Universidad de Castilla-La Mancha* (en línea). 2006. (Consultado el 8 de junio de 2023). Disponible en: https://es.scribd.com/document/289373256/Marta-Munoz-Caso-Pupino#

PARLAMENTO EUROPEO. Los Tratados de Maastricht y Ámsterdam. *Fichas técnicas sobre la Unión Europea* (en línea), 2023. (Fecha de consulta: 8 de junio de 2023). Disponible en: https://www.europarl.europa.eu/ftu/pdf/es/FTU_1.1.3.pdf

PÉREZ CEBADERA, M.A. *Instrumentos de Cooperación Judicial Penal I: la extradición y la euroorden.* Castelló de la Plana: Universitat Jaume I, 2010. ISBN: 978-84-692-5499-8.

RIVERA RODRÍGUEZ, P. *La influencia del caso Puigdemont en la cooperación judicial penal europea.* Madrid: *CEU Ediciones* 90, 2019. ISBN: 978-84-17385-48-4.

RODRÍGUEZ YAGÜE, C. ¿Pueden ser las condiciones de reclusión en España un obstáculo para la ejecución de un orden de detención y entrega? A propósito del "procés" catalán. En: L. ARROYO ZAPATERO, A. NIETO MARTÍN, y M. MUÑOZ DE MORALES ROMERO. *Cooperar y castigar: el caso Puigdemont* (en línea). Cuenca: Ediciones de la Universidad de Castilla-La Mancha, 2018, pp. 87-151. (Fecha de consulta: 9 de junio de 2023). Disponible en: http://doi.org/10.18239/mbs.18.2018

VALIÑO ARCOS, A. A propósito de la Resolución del Oberlandesgericht del Estado de Schleswig-Holstein en el affaire "Carles Puigdemont" (traducción castellana con notas). *Diario LA LEY* (en línea). 2018, 9186, p. 5. (Fecha de consulta: 9 de junio de 2023). Disponible en: https://www.researchgate.net/publication/348415182_A_proposito_de_la_Resolucion_del_Oberlandesgericht_del_Estado_de_Schleswig-Holstein_en_el_affaire_'Carles_Puigdemont'_traduccion_castellana_con_notas

VI.2. Textos Normativos

VI.2.A. Unión Europea

COMISIÓN DE LAS COMUNIDADES EUROPEAS. *Comunicación de la Comisión al Consejo y al Parlamento Europeo sobre reconocimiento mutuo de resoluciones firmes en materia penal.* COM(2000) 495 final de 26.7.2000.

Convenio establecido sobre la base del artículo K.3 del Tratado de la Unión Europea relativo a la extradición entre los Estados miembros de la Unión Europea, hecho en Dublín el 27 de septiembre de 1996. BOE-A-1998-4201, de 24 de febrero de 1998.

Convenio, establecido sobre la base del artículo sobre la base del artículo K.3 del Tratado de la Unión Europea, relativo al procedimiento simplificado de extradición entre los Estados miembros de la Unión Europea, hecho en Bruselas el 10 de marzo de 1995. BOE-A-1999-8346, de 14 de abril de 1999.

Decisión Marco, de 13 de junio de 2002, relativa a la orden de detención europea y a los procedimientos de entrega entre Estados miembros. DO L 190 de 18.7.2002, p. 1-20.

Decisión Marco 2008/909/JAI, de 27 de noviembre de 2008, relativa a la aplicación del principio de reconocimiento mutuo de sentencias en materia penal por las que se imponen penas u otras medidas privativas de libertad a efectos de su ejecución en la Unión Europea. DO L 327 de 5.12.2008, p. 27-46.

PARLAMENTO EUROPEO. Conclusiones de la Presidencia, Consejo Europeo de Tampere, 15 y 16 de octubre de 1999 (en línea). (Fecha de consulta 8 de junio de 2023). Disponible en: https://www.europarl.europa.eu/summits/tam_es.htm

PARLAMENTO EUROPEO. Decisión del Parlamento Europeo, de 9 de marzo de 2021, sobre el suplicatorio de suspensión de la inmunidad de Carles Puigdemont i Casamajó (2020/2024(IMM)). (en línea). (Fecha de consulta: 9 de junio de 2023). Disponible en: https://www.europarl.europa.eu/doceo/document/TA-9-2021-0059_ES.html

Programa de medidas destinado a poner en práctica el principio de reconocimiento mutuo de las resoluciones en materia penal. DO C 12 de 15.1.2001, p. 10-22.

Propuesta de Decisión marco del Consejo sobre el mandamiento de detención europeo y los procedimientos de entrega entre Estados miembros, COM(2001) 522 final. DO C 322 E de 27.11.2001, p. 305-319.

Recomendaciones del Tribunal de Justicia de la Unión Europea a los órganos jurisdiccionales nacionales, relativas al planteamiento de cuestiones prejudiciales. DO C 380 de 8.11.2019, p. 1-9.

Tratado de la Unión Europea, firmado en Maastricht el 7 de febrero de 1992. DO C 191 de 29 de julio de 1992.

VI.2.B. España

Constitución Española. BOE-A-1978-31229

Instrumento de ratificación por parte de España del Tratado de Ámsterdam por el que se modifican el Tratado de la Unión Europea, los Tratados Constitutivos de las Comunidades Europeas y determinados actos conexos, firmado en Ámsterdam el 2 de octubre de 1997. BOE-A-1999-10228

Ley Orgánica 5/1985, de 19 de junio, del Régimen Electoral General. BOE-A-1985-11672

Ley 23/2014, de 20 de noviembre, de reconocimiento mutuo de resoluciones penales en la Unión Europea. BOE-A-2014-12019

Ley 3/2003, de 14 de marzo, sobre la orden europea de detención y entrega. BOE-A-2003-5451

VI.3. Jusrisprudencia

VI.3.A. Tribunales europeos

STJUE de 11 de enero de 2017, *asunto Grundza*, as. C-289/15

STJUE de 23 de enero de 2018, *asunto Piotrowski,* as. C-367/16. ECLI:EU:C:2018:27

STJUE, de 19 de diciembre de 2019, as. C-502/19. ECLI:EU:C:2019:1115

STJUE de 29 de abril de 2021, as C-665/20 PPU, apartados 41 y 43. ECLI:EU:C:2021:339

Auto del Vicepresidente del Tribunal General de 30 de julio de 2021 — Puigdemont i Casamajó y otros/Parlamento (Asunto T-272/21 R). DO C 412 de 11.10.2021, p. 13.

Auto del vicepresidente del Tribunal de Justicia, de 24 de mayo de 2022, as. C629/21 P(R). ECLI:EU:C:2022:413

STJUE, de 31 de enero de 2023, as. C-158/21. ECLI:EU:C:2023:57

VI.3.B. Tribunales españoles

STC 114/2017, de 17 de octubre de 2017. BOE-A-2017-12206

ATS 11325/2017, de 5 de diciembre. ECLI:ES:TS:2017:11325

ATS 301/2018, de 22 de enero. ECLI:ES:TS:2018:301A

ATS 8477/2018, de 19 de julio de 2018. ECLI:ES:TS:2018:8477A

ATS 14234/2019 de 14 de octubre de 2019. ECLI:ES:TS:2019:14234A

STS Sala de lo Penal 459/2019, de 14 de octubre de 2019. Ponente: Excmo. Sr. D. Manuel Marchena Gómez.

ATS 10/2020, de 10 de enero de 2020. ECLI:ES:TS:2020:10A

ATS 2368/2023, de 12 de enero de 2023. ECLI:ES:TS:2023:2368A

ATS 3117/2023, de 21 de marzo de 2023. ECLI:ES:TS:2023:3117A

VI.3.C. Tribunales alemanes

Oberlandesgericht Schleswig-Holstein (OLG Schleswig-Holstein), de 12 de julio de 2018, 1 Ausl (A) 18/18 (20/18).

VI.4. Recursos hemerográficos

BBC. *Catalonia crisis: Spain issues warrant for Puigdemont*. (En línea). 3 de noviembre de 2017. (Fecha de consulta: 9 de junio de 2023). Disponible en: https://www.bbc.com/news/world-europe-41865121

CARBAJOSA, A. Puigdemont, detenido en Alemania tras entrar en coche desde Dinamarca. *EL PAÍS* (en línea). 26 de marzo de 2018. (Fecha de consulta: 9 de junio de 2023. Disponible en: https://elpais.com/politica/2018/03/25/actualidad/1521973804_797756.html

EUROPA PRESS. *Entra en vigor la reforma penal que elimina el delito de sedición y modifica el de malversación*. (En línea). 12 de enero de 2023. (Fecha de consulta: 9 de junio de 2023). Disponible en: https://www.europapress.es/nacional/noticia-entra-vigor-reforma-penal-elimina-delito-sedicion-modifica-malversacion-20230112073050.html

MENÉNDEZ, M. El Parlament declara la independencia de Cataluña de forma unilateral e inicia el camino hacia la república. *RTVE* (en línea). 27 de octubre de 2017. (Fecha de consulta: 8 de junio de 2023). Disponible en: https://www.rtve.es/noticias/20171027/parlament-declara-independencia-cataluna/1630750.shtml

MENÉNDEZ, M. Rajoy cesará a Puigdemont y a todo el Govern y convocará elecciones en un plazo de seis meses. *RTVE* (en línea). 21 de octubre de 2017. (Fecha de consulta: 9 de junio de 2023). Disponible en: https://www.rtve.es/noticias/20171021/gobierno-acuerda-este-sabado-medidas-del-155-para-recuperar-legalidad-cataluna/1629540.shtml

PI, J. Puigdemont gana las europeas en Catalunya y Junqueras también entra en el Europarlamento. *LA VANGUARDIA* (en línea). 26 de mayo de 2023. (Fecha de consulta: 9 de junio de 2023). Disponible en: https://www.lavanguardia.com/politica/20190526/462438289266/elecciones-europeas-cataluna-resultados-26-mayo-2019-escrutinio-jornada-electoral-hoy-ultima-hora-en-directo.html

PODER JUDICIAL. *El instructor de la causa del 'procés' plantea cuestión prejudicial al TJUE sobre la euroorden*. (En línea). 9 de marzo de 2021. (Fecha de consulta: 9 de junio de 2023). Disponible en: https://www.poderjudicial.es/cgpj/es/Poder-Judicial/Tribunal-Supremo/Noticias-Judiciales/El-instructor-de-la-causa-del--proces--plantea-cuestion-prejudicial--al-TJUE-sobre-la-euroorden

PODER JUDICIAL. *El juez Lamela dicta órdenes europeas de detención contra el expresident de la Generalitat Carles Puigdemont y cuatro exconsellers*. (En línea). 3 de noviembre de 2017. (Fecha de consulta: 9 de junio de 2023). Disponible en: https://www.poderjudicial.es/cgpj/es/Poder-Judicial/Sala-de-Prensa/Notas-de-prensa/La-juez-Lamela-dicta-ordenes-europeas-de-detencion-contra-el-expresidente-de-la-Generalitat-Carles-Puigdemont-y-cuatro-exconsellers

PODER JUDICIAL. *El juez Pablo Llarena envía al Tribunal de Apelación de Sassari (Italia) la ODE contra Carles Puigdemont y la cuestión prejudicial a través de Eurojust*. (En línea). 24 de septiembre de 2021. (Fecha de consulta: 9 de junio de 2023. Disponible en: https://www.poderjudicial.es/cgpj/es/Poder-Judicial/Tribunal-Supremo/Oficina-de-Comunicacion/Archivo-de-notas-de-prensa/El-juez-Pablo-Llarena-envia-al-Tribunal-de-Apelacion-de-Sassari--Italia--la-ODE-contra-Carles-Puigdemont-y-la-cuestion-prejudicial-a-traves-de-Eurojust

ROVIROSA, D. El recurso de Puigdemont por su inmunidad queda visto para sentencia. *EUROACTIV* (en línea). 25 de noviembre de 2022. (Fecha de consulta: 9 de junio de 2023). Disponible en: https://euroefe.euractiv.es/section/justicia-e-interior/news/el-recurso-de-puigdemont-por-su-inmunidad-queda-visto-para-sentencia/

RTVE. *Italia suspende el proceso de extradición de Puigdemont a España hasta que la justicia europea se pronuncie*. (En línea). 4 de octubre de 2021. (Fecha de consulta: 9 de junio de 2023. Disponible en: https://www.rtve.es/noticias/20211004/puigdemont-vista-tribunal-cerdena-entrega-espana/2178885.shtml

SÁNCHEZ, A. Tajani responde a Puigdemont que la entrega del acta de eurodiputado depende de España. *EL PAÍS* (en línea). 28 de junio de 2019. (Fecha de consulta: 9 de junio 2023). Disponible en: https://elpais.com/politica/2019/06/28/actualidad/1561712084_628654.html

SOARES, I., COTOVIO, V. y CLARKE H. Catalonia referéndum result plunges Spain into political crisis. *CNN* (en línea). 2 de octubre de 2017. (Fecha de consulta: 8 de junio de 2023). Disponible en: https://edition.cnn.com/2017/10/01/europe/catalonia-spain-independence-referendum-result/index.html

Números Publicados
Serie Unión Europea y Relaciones Internacionales

Serie Política de la Competencia y Regulación

Nº 49/2015 "The role of tax incentives on the energy sector under the Climate Change's challenges Pasquale Pistone"
Iñaki Bilbao

Nº 50/2015 "Energy taxation and key legal concepts in the EU State aid context: looking for a common understanding"
Marta Villar Ezcurra and Pernille Wegener Jessen

Nº 51/2015 "Energy taxation and key legal concepts in the EU State aid context: looking for a common understanding Energy Tax Incentives and the GBER regime"
Joachim English

Nº 52/2016 "The Role of the Polluter Pays Principle and others Key Legal Principles in Energy Taxes, on an State aid Context"
José A. Rozas

Nº 53/2016 "EU Energy Taxation System & State Aid Control Critical Analysis from Competitiveness and Environmental Protection Objectives"
Jerónimo Maillo, Edoardo Traversa, Justo Corti and Alice Pirlot

Nº 54/2016 "Energy Taxation and State Aids: Analysis of Comparative Law"
Marta Villar Ezcurra and Janet Milne

Nº 55/2016 "Case-Law on the Control of Energy Taxes and Tax Reliefs under European Union Law"
Álvaro del Blanco, Lorenzo del Federico, Cristina García Herrera, Concetta Ricci, Caterina Verrigni and Silvia Giorgi

Nº 56/2017 "El modelo de negocio de Uber y el sector del transporte urbano de viajeros: implicaciones en materia de competencia"
Ana Goizueta Zubimendi

Nº 57/2017 "EU Cartel Settlement procedure: an assessment of its results 10 years later"
Jerónimo Maillo

Nº 58/2019 "Quo Vadis Global Governance? Assessing China and EU Relations in the New Global Economic Order"
Julia Kreienkamp and Dr Tom Pegram

Nº 59/2019 "From Source-oriented to Residence-oriented: China's International Tax Law Reshaped by BRI?"
Jie Wang

Nº 60/2020 "The EU-China trade partnership from a European tax perspective"
Elena Masseglia Miszczyszyn, Marie Lamensch, Edoardo Traversa y Marta Villar Ezcurra

Nº 61/2020 "A Study on China's Measures for the Decoupling of the Economic Growth and the Carbon Emission"
Rao Lei, Gao Min

Nº 62/2020 "The global climate governance: a comparative study between the EU and China"
Cao Hui

Nº 63/2020 "The evolvement of China-EU cooperation on climate change and its new opportunities under the European Green Deal"
Zhang Min and Gong Jialuo